W0055121

Eberhard Heiße

Durchs ROTE MEER und andere Wüsten

DIE GESCHICHTE MEINES LEBENS

Eberhard Heiße
Durchs ROTE MEER und andere Wüsten
Die Geschichte meines Lebens

1. Auflage 2009
2. Auflage 2009

© **Lichtzeichen Verlag GmbH, Lage**

Lektorat: Thomas Schneider
Covergestaltung: Matthias Schmitt
Satz: Gerhard Friesen

Bestellnr.: 70-5-899
ISBN: 978-3-936850-08-6

Inhalt

Vielen Dank an alle, die mich beim Schreiben des Buches unterstützt haben, in besonderer Weise meine Frau.

Ein großer Dank an Thomas Schneider aus Breitenbrunn. Er hat mich dazu ermuntert, meine Erinnerungen festzuhalten. Seine Mithilfe bei der Erstellung des Buches war entscheidend.

Der größte Dank dem, der mich durch Meere und Wüsten, Siege und Niederlagen, Schuld und Vergebung geführt hat ...

Eberhard Heiße

Vorwort

Meere und Wüsten sind vergleichbar. Von beiden gehen Faszination und Bedrohung aus. Im Laufe der Menschheitsgeschichte haben unzählige Menschen in Meeren und Wüsten ihr Leben gelassen. Anderen wurde wunderbar hindurchgeholfen. Davon erzählen sie mit großer Dankbarkeit.

Beim Durchzug durch die Fluten des Roten Meeres hat das Volk Israel Bewahrung erfahren. Bis heute feiern Juden in aller Welt „Pessach", das Fest der Erinnerung an die Flucht aus der Sklaverei Ägyptens.

Meere und Wüsten haben auch symbolische Bedeutung. Im letzten Jahrhundert haben Menschen zwei Gewaltherrschaften unter roten Fahnen ertragen müssen. 55 bis 60 Millionen Menschen fanden den Tod unter der Hakenkreuzfahne, etwa 90 Millionen unter wehenden Fahnen des Kommunismus. Aber auch in diesen schweren Jahren haben viele in Bedrohung, Angst, Verlust und Niederlage Durchhilfe erfahren dürfen und erzählen davon weiter. Sie berichten von erlebter Gemeinschaft in finsteren Tälern und von Oasen in Wüsten.

Dieses Buch will Stärkung sein für Leser, die sich auf Wüstenwegen befinden.

Eberhard Heiße

Kindheit unterm Hakenkreuz (Crottendorf 1933-1947)

Die Idee Adolf Hitlers marschiert ...

Trommeln und Fanfaren, Fackeln und Fahnen. Aufbruch. Ein Neues beginnt. Begeisterte hoffnungsfrohe Menschen ziehen durch die Straßen, in großen Städten wie in abgelegenen Dörfern.

Am 17.März 1933 wurde ich geboren. An diesem Tag, so hat man mir später erzählt, fand in meinem Geburtsort, einem abgelegenen Dorf in den Wäldern des Erzgebirges, zu Ehren Adolf Hitlers ein Fackelzug statt.

An meine Kindheit mit meinen drei Brüdern Karl-Joachim, Leberecht und Dietmar denke ich gern. Mein Vater war Schneidermeister, in seinem Betrieb arbeiteten immer auch Lehrlinge. Meine Mutter unterstützte ihn. Sie organisierte auch den Ausbau eines alten Hauses, machte einen Garten urbar und hatte bei allem noch Zeit, mit ihren Kindern wunderschöne Stunden in den Wäldern und an den Bächen zu verbringen.

Natürlich haben gerade die ersten zwölf Jahre mein Leben gezeichnet, Spuren hinterlassen. An vieles kann ich mich noch erinnern, auch an den lang erwarteten Tag, an dem ich in den großen Verband der Hitlerjugend aufgenommen werde. Meine älteren Brüder dürfen schon dabei sein. Mit Stolz trage ich jetzt mein braunes Hemd und das Lederkoppel mit Schulterriemen. Besonders aber das Fahrtenmesser. Am Koppel die Aufschrift: Blut und Ehre. Ich darf dabei sein! Ich gehöre dazu! Regelmäßiger Dienst, Heimatabende, Bastelstunden, Marschieren. Natürlich begeistern mich die Geländespiele, wo ganzer Einsatz gefordert ist. Und Härte! Mit Freude werden die mitreißenden Lieder der Hitlerjugend gesungen.

> *„Es wächst ein neues Geschlecht heran.*
> *Die Idee Adolf Hitlers marschiert.*
> *Und Jungvolk voran, Jungvolk marschiert.*
> *Von der schwarzen Fahne geführt.“*
>
> Lied der Hitler-Jugend

Melodien und Texte, alle sind mir bis heute gegenwärtig.

In den freien Stunden wird viel gelesen. Besonders begehrt sind die kleinen Hefte im DINA5-Format. Erlebnisbücher, Kolonialbücher, Kriegsbücher. Spannung, Abenteuer, Romantik. In mir ist die Suche nach Idolen, nach Vorbildern. Und ich finde sie. In den deutschen Heldensagen, im deutschen U-Boot-Kommandant, der im Golf von Mexiko amerikanische Tankschiffe versenkt, in Erich Rommel, dem „Wüstenfuchs“, der mit seiner Panzerarmee fast bis zum Suezkanal vordringt. In meiner kleinen Dachstube hängt eine große Europakarte. In den verschiedenen Ländern stecken kleine Nadeln mit Hakenkreuzfähnchen. In Abständen von ein paar Tagen, vor allem nach den Sondermeldungen im Radio, werden die kleinen Fähnchen mit Stolz nach vorn gerückt. Narvik, Kursk, die Insel Krim, Stalingrad.
Mein Jungenherz ist mit Begeisterung und Stolz erfüllt. In einer vergilbten Schulbeurteilung aus dem Jahr 1943 finde ich folgenden Eintrag: „Eberhard besitzt gute Führereigenschaften…“. So ist der Weg zum Hitlerjugendführer eigentlich schon vorprogrammiert. Von KZ`s und Judenverfol-

gung weiß ich nichts. Auch meine Eltern nicht. Aber bald ist die Zeit der vielen Sondermeldungen vorbei. Natürlich gibt es sie noch, aber sie werden immer spärlicher. Mit schwerem Herzen stecke ich jetzt meine Hakenkreuzfähnchen auf der Europakarte rückwärts in Richtung Deutschland. Was kleine Pimpfe und ein ganzes Volk trägt, ist jetzt nur noch der Glaube.

Aber was heißt „nur noch"! Der Glaube an Adolf Hitler und seine Berufung, der Glaube an die Vergeltungswaffen, der Glaube an den Endsieg! So singen wir weiter unsere Lieder, sammeln Altmetall und Lumpen für den

Deutschland, Deutschland über alles,
über alles in der Welt,
wenn es stets zu Schutz und Trutze
brüderlich zusammen hält.
Von der Maas bis an die Memel,
von der Etsch bis an den Belt.
Deutschland, Deutschland über alles,
über alles in der Welt.

Deutschlandlied, 1. Strophe

Führer und den Sieg und führen Geländespiele mit zunehmender Härte durch. Um jeden Preis sind die gegnerischen Jungvolkzüge zu schlagen und die Fahnen zu gewinnen. „Geht schnell noch in die Drogerie, kauft euch Pfeffer und blast ihn den Feinden in die Augen. Um jeden Preis müssen wir siegen." Die verlorene Schlacht von Stalingrad und der Brief mit der Mitteilung, dass mein geliebter Bruder Karl-Joachim bei den erbitterten Kämpfen bei Rschew vor Moskau als vermisst gemeldet wird, haben mich schon stark bewegt. Die letzten Briefe, die er uns von der Ostfront schrieb, habe ich erst Jahrzehnte später in die Hände bekommen.

Aber sicher wird Stalingrad wieder zurückerobert und sicher lebt unser Bruder noch irgendwo in einem sibirischen Kriegsgefangenenlager. Und sicher werden unsere durch Bombenangriffe zerstörten deutschen Städte nach dem Endsieg ganz schnell wieder aufgebaut. So vergehen die Monate. Die zugeteilten Lebensmittelrationen reichen überhaupt nicht mehr aus. Wir müssen regelrecht hungern. Heimlich drehen wir an der Brotschneidemaschine, damit die Schnitten stärker werden. Es geht dem Endsieg entgegen. Aber er ist anders als wir uns das denken. Die ersten russischen Panzer rollen auf deutschen Boden. Die ersten Orte in Ostpreußen werden besetzt und dann von deutschen Truppen zurückerobert. Schreckensbilder erreichen uns und stärken die Kampfmoral an der Front und in der Heimat. Immer noch glauben wir an den Endsieg. In großen Formationen ziehen amerikanische Bomberverbände über das Erzgebirge, zerkratzen mit ihren Kondensstreifen den schönen blauen Himmel und zerstören Industriestädte in Nordböhmen. Es kommt zu einer großen Luftschlacht. Brennende Flugzeuge stürzen über unser idyllisches Erzgebirgsdorf. Bomber explodieren. Die Fensterscheiben in unserem Haus werden eingedrückt, Häuser geraten in Brand und brennen nieder. Der totale Krieg hat nun auch das Erzgebirgsdorf Crottendorf in aller Härte erreicht. Und immer noch klammern sich viele an die Hoffnung. Zarah Leanders Stimme erklingt aus den Radios „Ich weiß, es muss einmal ein Wunder geschehen…". An den verkohlten Wänden der Ruinen in den Großstädten steht mit großen weißen Buchstaben: „Unsere Mauern brechen, unsere Herzen nicht."

Der totale Zusammenbruch

„Bis zum letzten Atemzug kämpfend hat unser Führer in der Hauptstadt Berlin sein Leben für Großdeutschland gelassen", tönt es aus dem Radio. In Wirklichkeit beging er Selbstmord. Aber die Idee Adolf Hitlers marschiert immer noch und im Berliner Tiergarten kämpfen verzweifelte Hitlerjungen mit Panzerfäusten gegen den Feind. Und dann: Bedingungslose Kapitulation. Es fällt mir schwer, die Europakarte in meinem Zimmer von der Wand zu nehmen. Aber was soll sie dort noch!? Eines Tages vernichtet meine

Mutter das braune Hemd, mein Koppel, den Schulterriemen, das Fahrtenmesser. Über unsere Dorfstraße, wo vor zwölf Jahren begeisterte Fackelzüge zogen, rollen amerikanische Armeefahrzeuge, dann russische. Und schließlich endlose Elendszüge Heimatvertriebener aus den ehemaligen deutschen Gebieten in Böhmen. Abgemagerte Gestalten, die ihre paar Habseligkeiten auf Handwagen hinter sich herziehen. Richtung Westen. Es sind Bilder, die sich ganz tief in mir einprägen. Aber auch Bilder aus den KZ`s Buchenwald und Auschwitz sehen wir. Es ist für uns alles unfassbar. Führende Parteigenossen nehmen sich das Leben. Der Glaube, der Irrglaube eines ganzen Volkes, ist zerbrochen. Es gibt nur noch Trümmer. Nicht nur in den Städten, sondern auch in unseren Herzen. Unseren Bruder, der aus Russland als vermisst gemeldet wurde, werden wir nie wieder sehen.

Der Traum eines „Tausendjährigen Reiches" ist nach 12 Jahren ausgeträumt. Geschickte Demagogen haben ein ganzes Volk begeistert und ins Verderben geführt. Millionen Menschen finden auf den Schlachtfeldern und in Gaskammern ihren Tod. Herrliche mittelalterliche Städte wurden unwiederbringlich zerstört. Ein Volk wird auseinandergerissen und verliert für viele Jahrzehnte seine Identität und den berechtigten Stolz auf eine lange reiche Geschichte mit vielen herausragenden Persönlichkeiten.
Ganz sicher hat diese frühe Erfahrung von zwölf Jahren Diktatur mich wachsam und kritisch gemacht gegenüber großen Parolen und Versprechungen und emotionalen Großveranstaltungen unter einem Meer von Fahnen und einer verlogenen Medienbeeinflussung.

Schule gibt es einige Monate überhaupt nicht mehr. Nazilehrer (und wer war nicht in der Partei!?) werden entlassen oder in russische Speziallager verschleppt, wo viele umkommen. –

Endlich! Im Spätherbst `45 läuft der Schulbetrieb bei uns langsam wieder an. Neulehrer, pädagogisch teilweise total ungebildet, versuchen uns zu unterrichten. Wichtig ist ihre politische Einstellung. Die Schule, die ich besuche, wird aufgelöst. Die Fremdsprache Englisch, in der wir vorher unterrichtet wurden, gibt es nicht mehr. Begründung: Das ist eine kapitalistische Sprache. Jetzt gibt es eine neue Fremdsprache. Verbindlich für alle: Russisch. In eineinhalb Jahren will man uns eine Sprache beibringen, die wir aus mancherlei Gründen zutiefst ablehnen. Es kommt zum Boykott, zu Tumulten. Mühsam quälen wir uns durch die letzten Monate der Schule. Mit 14 werde ich entlassen. Endlich!

Suchen und Finden
(Thum/Weinböhla 1947-1952)

Ein Mikroskop schafft Klarheit

1947 beginnt meine Gärtnerlehre in Thum, einer Kleinstadt im Landkreis Annaberg, im heutigen Erzgebirgskreis. Interessante prägende Jahre liegen vor mir. Jahre des Hungerns, des Fragens, des Suchens und des Findens. Der Anfang ist besonders hart. Nach ein paar Tagen habe ich ein großes Heimweh nach meinen Eltern, meinen Brüdern, meinen Freunden. Ich denke an einsame Stunden im Gewächshaus. Aber dann finde ich immer mehr Freude an meinem künftigen Beruf. Es ist Winter. Große Schneeflocken fallen auf die Glasscheiben und tauen. Ich bin dabei, die blühenden Alpenveilchen auszuputzen. Faulende Stiele müssen entfernt werden. An anderer Stelle keimen schon wieder in kleinen Kisten die Sämlinge für die Alpenveilchen des nächsten Jahres. Viel Zeit zum Nachdenken und zum Staunen. Im Laufe eines Jahres entsteht aus einem Samenkorn eine blühende Pflanze. Und in diesem kleinen Körnchen sind schon alle Anlagen enthalten. Die Zeichnung des Blattes, die Farbe weiß, rot, rosa, rot mit Auge Rokoko. Das ist phantastisch! Einmal in der Woche fahren wir in die Kreisstadt Annaberg zur Berufsschule. Dort stehen Mikroskope und wir dringen immer tiefer in das Wunder der Pflanzen ein. Das Staunen wird immer größer. In der Pause gibt es Gespräche mit dem Berufsschullehrer über das Wunder des Lebens einer Pflanze, einer Zelle. Wie kommt das? Wo liegt das Geheimnis? Die Antwort ist einfach und klar: Naturgesetze. Wenn die notwendigen Wachstumsbedingungen gegeben sind wie Wärme, Licht,

Nährstoffe und Wasser, dann sind die Voraussetzungen für Leben und Wachstum da. Es beruht alles auf Naturgesetzen. Aber diese Antworten befriedigen mich nicht. Die Gespräche gehen weiter. Woher kommen die Naturgesetze? Sie sind eben da! Da klingelt es, der Unterricht geht weiter. Meine Gedanken schweifen vom Unterrichtsstoff ab. Woher kommen die Naturgesetze? Keine Ordnung ist einfach so da. Kein Gesetzbuch, keine Straßenverkehrsordnung. Dahinter stehen doch intelligente Menschen, die ihre Gedanken formulieren. Am nächsten Tag stehe ich wieder bei den blühenden Alpenveilchen im Gewächshaus. Und zum ersten Mal in meinem Leben kommt der Gedanke: Gibt es eine höhere Intelligenz? Gibt es Gott? Von Gott habe ich schon mal was gehört. Im Konfirmandenunterricht. Ich musste dahingehen, weil meine Eltern das wollten. Das war damals feste Tradition in den Erzgebirgsdörfern. Aber bleibende Eindrücke hat der Konfirmandenunterricht bei mir nicht hinterlassen. Als ich dann bei der festlichen Konfirmation in der Kirche vor dem Altar stand, waren meine Gedanken bei den Geschenken. Und nun, eine Zeit später, bricht elementar die Frage nach Gott auf. Die blühenden Alpenveilchen, das Mikroskop in der Berufsschule und die unbefriedigende Antwort meines Lehrers haben die ersten Impulse gegeben. Das große Suchen beginnt. Zugleich auch die Suche nach dem Sinn meines Lebens. Manchmal bin ich ganz einsam. Später finde ich mich wieder in den Gedanken von Hermann Hesse: „Seltsam, im Nebel zu wandern! Leben ist Einsamsein. Kein Mensch kennt den andern. Jeder ist allein."

Bei den Zeugen Jehovas

Mitten in meinem Fragen und Suchen kommt eine folgenschwere Einladung. Werner, ein Gärtnergehilfe aus unserem Betrieb spricht sie aus. „Hast du heute Abend Zeit? Ich lade dich ein. Ganz sicher wird es spannend."

Die Neugierde hat mich gepackt. Am Abend mache ich mich auf den Weg. Ich finde das Haus in der Annaberger Straße. Im ersten Stockwerk soll die Überraschung sein. Nach meinem Anklopfen wird die Tür vorsichtig einen Spalt geöffnet. Ein mir unbekannter Herr öffnet die Tür, lässt mich ein, schließt die Tür sofort wieder zu. Was finde ich? Ein großes Wohnzimmer, am Tisch sitzen etwa fünfzehn Personen unterschiedlichen Alters. Werner ist auch da, begrüßt mich ganz freundlich und bietet mir einen Stuhl an. Die Spannung in mir steigt. Es ist 20.00 Uhr, viele öffnen ihre Taschen, Bücher liegen auf dem Tisch, es scheinen Bibeln zu sein. Der Mann am Kopfende des Tisches holt eine Zeitschrift aus der Tasche. Da ich in seiner Nähe sitze, kann ich den Titel der Zeitschrift lesen: „DER WACHTTURM". Plötzlich weiß ich wo ich bin. Bibeln werden aufgeschlagen, Fragen gestellt und beantwortet. In der zweiten Hälfte des Abends erzählen Frauen und Männer aus ihrem Leben. Sie berichten davon, wie sie im Dritten Reich als Zeugen Jehovas gesucht und gejagt wurden, wie man „illegale" Versammlungen auflöste und einige ins KZ brachte. Gemeinsam mit kriminellen und politischen Gefangenen verbrachten viele von ihnen furchtbare Jahre hinter elektrischem Draht. Viele haben das nicht überlebt. Gespannt höre ich zu und frage: „Warum hat man euch eingesperrt?" - „Weil wir den Wehrdienst verweigert haben, weil die Zeugen Jehovas eine verbotene Organisation war und wir uns trotzdem versammelt haben. Und jetzt werden wir wieder verfolgt. Unser Zweigbüro in Magdeburg haben sie mit Gewalt besetzt und aufgelöst. Viele, die im KZ waren, sitzen wieder hinter Gittern. Aber wir halten Jehova die Treue. Heimlich kommen wir zusammen und unser Werk wächst." Dann gibt es noch einige Informationen und ein Gebet.

Innerlich aufgewühlt gehe ich zurück in die Gärtnerei, in mein Lehrlingszimmer. Etwas Neues ist in mein Leben getreten. Eine Woche später bin ich wieder in diesem Kreis und werde freudig von allen begrüßt. Gemeinsam forschen wir in der Bibel. Wichtige Stellen werden rot unterstrichen, vor allen Dingen von Jesu Wiederkunft. Ich bin von der Gruppe fasziniert.

Die germanischen Helden, der deutsche U-Boot-Kommandant, Erich Rommel und der junge SA-Führer Horst Wessel aus Berlin sind in den Hintergrund getreten. Ich bewundere die Menschen, die wegen ihres Glaubens im Dritten Reich ins KZ gegangen sind und nun unter Lebensgefahr, unter der kommunistischen Diktatur ihren Weg mutig weitergehen. Meine Schlussfolgerung: Wenn Menschen sich so total für etwas einsetzen, muss das, für was sie sich einsetzen, auch gut und richtig sein. Der Nebel verzieht sich. Leben ist nicht mehr Einsamsein. Brüder und Schwestern stehen mir zur Seite, geben Antwort auf meine Fragen, Geborgenheit und die ersten Aufträge, die Königsherrschaft Jehovas auszubreiten. Ich habe gesucht, was ich gefunden habe. Ich bin nicht mehr allein. Mein Leben hat einen Sinn. Ich bin Zeuge Jehovas und bin stolz darauf. Es kommt zu ersten Auseinandersetzungen. Meine Eltern werden wütend: „Da gehst du nicht mehr hin!" Beim nächsten „Wachtturm-Studium" erzähle ich davon: „Wir suchen in der Bibel und finden Antwort: >Ihr müsst gehasst werden von allen Menschen< und >ich sende euch wie Schafe unter die Wölfe<". Der nächste Krach kommt eine Woche später. Mein Lehrmeister ist Kirchenältester. Es kommt zum Gespräch. „Mach erst mal deine Gehilfenprüfung. Die Bibelforscher sind nicht gut für dich. Da gehst du nicht mehr hin. Hast du verstanden?" Natürlich, bei dieser Lautstärke! Aber in der Stille denke ich: „Du kannst mir viel verbieten, das aber nicht!" Und in großer Treue gehe ich weiter zu den Versammlungen der Zeugen Jehovas. Eines Tages fragt mich der Versammlungsleiter, wie das ist mit der Taufe und ob ich überhaupt zu einer Kirche gehöre. „Ja", antworte ich, „getauft und konfirmiert bin ich schon, aber das war der Entschluss meiner Eltern." Dann höre ich: „Wenn du zu uns gehören willst, dann musst du konsequent sein. Tritt aus der Kirche aus." Neugierig frage ich zurück: „Wie mache ich das?" Prompte Antwort: „Geh ins Rathaus zum Standesbeamten und erkläre deinen Austritt. Mach es bald!" Ein paar Tage später suche ich im Thumer Rathaus nach der richtigen Tür und bekomme gesagt, dass der zuständige Beamte für Kirchenaustritt nicht da ist. „Komm ein paar Tage später." Aber es sollte alles ganz anders kommen.

... aber die Kirche ist vom Teufel

Es ist Mittagspause. Viel gab es wieder mal nicht und der Teller ist schnell abgeräumt. Ich bin auf dem Weg in meine Lehrlingsbude. Da steht vor mir ein unbekannter junger Mann. Er spricht mich an: „Ich suche Eberhard Heiße. Kannst du mir helfen?" – „Ich bin Eberhard Heiße" – „Na wunderbar! Ich will dich einladen, zur Jungen Gemeinde (evangelischer Jugendkreis) im Gemeindehaus. Morgen Abend. Wir fangen 19.00 Uhr an." Kurzes Zögern bei mir. Junge Gemeinde? Kirche? Davon will ich mich trennen! Aber dann blitzt ein anderer Gedanke auf und ich sage „Ja, ich komme!" Sorgfältig lege ich am nächsten Tag meine Gedanken zurecht. Im Sinne der Zeugen Jehovas werde ich meine Meinung sagen. Und dann kommt der Abend. Etwa zwanzig Jugendliche haben sich versammelt. Irgendetwas wird gesungen. Dann gibt es einen Vortrag. Ich weiß heute nicht mehr, um was es ging. Aber dann, die große Chance für mich: „Möchte jemand noch was dazu sagen?" Darauf habe ich gewartet. Ich melde mich und halte eine flammende Rede. Mit vielen Argumenten mache ich die Kirche nieder und erzähle von ihr alle Schlechtigkeiten, die ich damals schon wusste. Das Ganze gipfelt in der Aussage der Zeugen Jehovas: „Es gibt drei große Machtbereiche des Satans: Politik, Wirtschaft und Kirche." Einige der Jugendlichen sehen mich entsetzt an, andere schauen betroffen zu Boden. Einer rückt weg von mir. Ich vermute, dass sie mich jetzt rausschmeißen. Aber ich darf bleiben. Der mich zur Jungen Gemeinde eingeladen hatte, begleitet mich sogar ein Stück des Weges. Es gibt ein kurzes Gespräch und am Schluss trage ich noch einmal meine These vor: „Ich habe viele Fragen, aber eines weiß ich: Die Kirche ist vom Teufel." Da bleibt er stehen, schaut mich an und sagt: „Sehe ich wirklich so aus?" „Nicht direkt", sage ich, „aber trotzdem ist es so". „Du kannst mich gern mal besuchen", höre ich zum Abschied und bekomme eine kleine Karte in die Hand gedrückt. Zu Hause lese ich darauf die Anschrift: Christoph Zschach, Jugendwart der Evangelischen Kirche, Jahnsbach. „Dieser Kirchenspinner", denke ich noch, und schlafe ein.

Ein offenes Herz, viel Gebäck und die große Liebe

Eines Tages setze ich mich nach Feierabend auf mein Fahrrad und radle ins Nachbardorf Jahnsbach. Was mich dazu bewegt, weiß ich nicht. – Heute weiß ich es! – Die Tür wird geöffnet. „Schön, dass du gekommen bist. Komm rein." Und dann sitzen wir in einem gemütlichen Wohnzimmer am Tisch. Es kommt alles ganz anders als ich es dachte. Keine leidenschaftliche Glaubensdiskussion, sondern eine Tasse Tee und eine große Schüssel mit herrlich duftenden Butterplätzchen. Hungrig falle ich darüber her. Im Regal des Wohnzimmers stehen aufgestapelt viele Kartons mit Gesellschaftsspielen. „Komm, wir spielen eine Runde Schach", lädt mich Christoph Zschach ein. Aber ich muss ablehnen, weil mir dieses Spiel bis heute zu kompliziert ist. So machen wir es uns weiter am Tisch bequem, trinken Tee, essen Plätzchen und spielen Halma. Dabei unterhalten wir uns über alles Mögliche. Zwischendurch wird die Schüssel mit Gebäck wieder aufgefüllt. Bei der Verabschiedung sagt mir Christoph dann, dass ich immer, wenn ich Zeit habe, zu ihm kommen könne. Wenn er da ist, hätte er auch Zeit für mich. Und schon geht es in rasender Fahrt nach Thum zurück. – Nach wie vor besuche ich treu die Versammlungen der „Zeugen", unterstreiche ganz bestimmte Bibelstellen und baue das Feindbild Kirche weiter aus. Aber auch Christoph besuche ich ab und zu. Immer hat er Zeit für mich, würzigen Tee und volle Schüsseln mit Buttergebäck. Auf Glaubensdiskussionen lässt er sich nicht ein. Aber er hat ein neues Spiel aus dem Westen bekommen und das beschäftigt und begeistert uns.

Inzwischen beginnt im Gartenbaubetrieb Hübler ein neuer Lehrling die Ausbildung. Johannes kommt aus einer Gemeinde der Siebententagsadventisten und ist zutiefst von seiner Glaubenslehre überzeugt. Siegfried, ebenfalls Lehrling und Sohn vom Chef, ist inzwischen Mitarbeiter der Jungen Gemeinde geworden. Werner und ich sind Zeugen Jehovas. Bis heute unvergesslich sind die Mittagspausen. In meiner Bude finden die Streitgespräche statt. Mit der Bibel in der Hand versuchen wir die Andersdenkenden zu überzeugen. Ein zähes Ringen um die Wahrheit, leidenschaftlich und hart. Bis dann die Betriebsklingel unsere Diskussionen beendet und uns zur Arbeit ruft. So geht das über viele Wochen. Langsam wird mir das alles zu viel. Ich kann nicht mehr. Und da die Diskussionen nun auch während der Arbeit weitergehen, sagen andere im Betrieb: „Ihr seid religiöse Spinner. Hört endlich auf damit!" Ich bin innerlich zerrissen. Es geht mir nicht gut. Wieder fahre ich zu Christoph. Wieder wird die Plätzchenschüssel geleert, gespielt und beim Verabschieden drückt mir Christoph eine abgegriffene Zeitung in die Hand. Zum ersten Mal gibt er mir etwas mit. In meiner Lehrlingsbude nehme ich die Zeitung zur Hand. Der Titel: „Kirche und Mann". Auf Seite 1 ein Artikel, den ich nicht lese, weil er mir zu lang erscheint. Auf Seite 2 sehe ich in der Mitte ein Bild.

Und darunter, stark gedruckt, ein Spruch. Ein Wort der Bibel aus dem Alten Testament. Es steht im Propheten Jesaja, im Kapitel 42, Vers 3:

„So spricht Gott: Das geknickte Rohr will ich nicht zerbrechen und den glimmenden Docht will ich nicht auslöschen."

Dieses Wort trifft mich ins Herz. Es gibt kein besseres Wort für mich. Eine totale Liebeserklärung. Kein Aufruf zum Heldentum, sondern feste Zusage für Menschen, die immer auch mal unten sind. „Geknicktes Rohr". Natürlich kenne ich das auch aus der Gärtnerei. Eigentlich ist dann keine Chance zum Überleben. „Glimmender Docht", ein Bild mit dem ich auch etwas anfangen kann. Gott will nicht zerbrechen, nicht auslöschen. Es gibt die große Chance für Verlierer, für die, die im Schatten stehen. Im Laufe meines langen Lebens hat sich dieses Wort immer wieder neu bestätigt. Ich erlebe an diesem Abend Stunden, die sich tief eingeprägt haben. Wie soll ich es beschreiben? Ich kann es nicht erklären. Es ist alles hell und eine tiefe Freude erfüllt mich. Nein, keine Gefühlsduselei! Ich weiß mich geborgen. Gottes Liebe. Davon hatte ich bei den Zeugen Jehovas bisher nur sehr wenig gehört. Umso mehr aber von einem fordernden und strafenden Gott. Noch etwas geschieht in dieser Nacht. Mir wird deutlich, dass Gott auch seine Kirche liebt. Trotz endlos vieler Verfehlungen. Gott leidet unter dieser Kirche, aber weil er das „Geknickte" liebt, liebt er auch diese Kirche. Und wenn Gott die Kirche liebt, dann ist es nicht möglich, dass ich mich von ihr distanziere und sie als Teufelswerk bezeichne. So, wie mich Gott liebt, liebt er auch seine Kirche. Und ich kann und will Gott lieben und auch seine Kirche, auch wenn sie aus tausend Wunden blutet, gerade deshalb. Mit diesen Gedanken gehe ich in die Nacht und in viele Nächte, die noch kommen werden.

Ein Jäger aus Kurpfalz in der Leichenhalle

Wenn einer etwas Schönes erlebt hat, dann muss er es weitersagen. Er kann es nicht für sich behalten. Wenn jemand etwas mit Gott erlebt hat, wird er davon erzählen und wird Mitarbeiter in seiner Gemeinde. So beginne ich als 16-Jähriger meinen Einsatz in der evangelischen Jugendarbeit, bis heute bin ich dabei. Mit der Jungschararbeit geht es los. Wir spielen Fußball, gehen schwimmen, singen, klettern in den Bergen, lesen in der Bibel und beten. Bald sind wir über zwanzig Jungen so zwischen 10 und 13. Langweilig ist das nie. Einige Erlebnisse sind in Erinnerung geblieben.

Meine Arbeitszeit geht zu Ende. Nun muss ich mich schnell waschen und umziehen. Aufgeregt stehen alle Jungen vor der Tür des verschlossenen evangelischen Gemeindehauses. „Heute dürfen wir nicht rein!", ruft einer. „Nein, das geht auch nicht", sagt der Kirchner, der geradewegs dazukommt. „Ich habe gerade alles sauber gemacht. Die Jungen tragen immer so viel Schmutz in den Gemeinderaum!" Ratlosigkeit. Ausfallen lassen? Niemals! Ab geht es zum nahe gelegenen Friedhof. Außen, an der Friedhofsmauer finden wir eine geeignete Stelle. Nach etwa zwanzig Minuten setzt plötzlich Regen ein. Abbrechen? Nein! Die rettende Idee ist: Die Leichenhalle! Die Tür steht offen und im Nu ist der Raum von den Jungen bevölkert. Draußen gießt es wie aus Kannen. „Hier drin ist es richtig gemütlich!", meint einer der Jungen. Nach der Andacht gibt es eine gruslige Geschichte und dann singen wir unsere wilden Lieder. Unser Gesang schallt über den ganzen Friedhof: „Ein Jäger aus Kurpfalz, der reitet durch den grünen Wald ...". Eine tolle Jungenstunde, auch wenn es ein bisschen nach Leiche riecht. Aber so was lieben sie ja. Am nächsten Tag werde ich zum Pfarrer bestellt. Eine ältere Dame, die beim einsetzenden Regen noch über den Friedhof eilte und die unmöglichen Gesänge aus der Leichenhalle hörte, war atemlos zum Pfarrer gerannt und hat ihm davon berichtet. Nun bricht ein gewaltiges Gewitter über mich herein. „Das darf nicht noch einmal passieren! Unmöglich! So geht das nicht! Sooo nicht!" Innerkirchliche Schwierigkeiten gehören eben dazu. Das sind meine ersten Erfahrungen auf diesem Gebiet. Es werden später noch ganz andere kommen.

„Du bist verloren! Für alle Ewigkeit!"

Der Novemberabend ist nebelig und ungemütlich. Es wird dunkel. Schnellen Schrittes gehe ich durch die Straßen der Stadt. Plötzlich steht vor mir ein Mann. Ein Leiter der Zeugen Jehovas. Es gibt kein Vorbei und es gibt auch kein Gespräch. Es gibt Worte, die mich tief treffen. Worte der Anklage und des Gerichts: „Du hast dich von uns losgesagt. Das wird dir nie vergeben. Du bist verloren. Für alle Ewigkeit!" Dann wendet er sich ab und lässt mich stehen. Es wird für mich noch einmal ein schwerer Abend. Aber Gott schenkt neue Kraft, den begonnenen Weg weiterzugehen. Es ist ein Weg in die Freiheit, ein Weg in die Geborgenheit der Liebe Gottes. Interessant ist Folgendes: Im Laufe meines Lebens gibt es immer wieder Kontakte mit den Zeugen Jehovas. Vielen jungen Christen, die durch sie in Unruhe und Angst gestürzt werden, darf ich helfen.

1989 und später gibt es wieder neue Erfahrungen. Ehemalige und von der Richtigkeit ihrer Weltanschauung überzeugte und nun enttäuschte SED-Parteigenossen finden sich plötzlich bei den Zeugen Jehovas wieder. Erst unvorstellbar und dann doch erklärbar. Der Weg von einer Partei, die zentral gesteuert wird und in der eigenes Denken und Handeln unerwünscht sind, zu den „Zeugen", ist ein kurzer. Dort wird ja in ähnlicher Weise zentralistisch und totalitär entschieden und gehandelt. Auch da gibt es keine Meinungsfreiheit.
Zwei Zeitschriften werden von der New Yorker Hauptzentrale herausgegeben und verbreitet: Der „Wachtturm" und „Erwachet". Davon abweichende andere Meinungen und

eigenes Denken sind unerwünscht. Und es gibt immer und überall Menschen, die fühlen sich wohl in solchen Zwängen. Ich brauche nicht zu denken. Andere denken für mich. Wenn ich auf den Straßen oder vor Bahnhöfen Frauen und Männer mit dem „Wachtturm" in Händen sehe, gehe ich nie vorbei. Ich suche das Gespräch, auch wenn es manchmal von der anderen Seite her plötzlich unterbrochen wird. Mein Anliegen ist, ihnen den Horizont biblischer Erkenntnis ein Stück zu erweitern. Mitunter spreche ich von der Gefahr, wie die Pharisäer zu leben. Denn auch das waren tüchtige Leute mit viel Einsatz- und Opferbereitschaft. Ihre Gefährdung liegt darin, überheblich zu sein und alles besser zu wissen als alle anderen: „Nur wir werden gerettet!" Manchmal unterhalten wir uns auch über den Auftrag zur Barmherzigkeit, den uns Gott gibt. Dann spreche ich mein Bedauern darüber aus, dass die „Wachtturmgesellschaft" zwar weltweit eindrucksvolle und hochmoderne Druckereien baut, aber keine Heime für geistig und körperlich behinderte Menschen. Auch andere Themen werden angesprochen.

Jetzt wohne ich in Sonnewalde bei Doberlug-Kirchhain im Bundesland Brandenburg. Und auch hier bekomme ich seit einiger Zeit Besuch von zwei freundlichen Männern. Ihre Treue und Leidenschaft für ihr Werk beschämen mich sogar manchmal. Meine Meinung aber, dass totaler Einsatz und Opferbereitschaft zugleich auch für die Richtigkeit einer Sache sprechen, habe ich längst korrigieren müssen. Wer schließlich von Gott angenommen oder für alle Ewigkeit verdammt ist, habe nicht ich zu entscheiden. Auch nicht im Blick auf die Frauen und Männer mit dem „Wachtturm" in der Hand. Das wird allein Jesus entscheiden. Gott sei Dank! Sicher ist, dass ich wohl bis zu meinem Lebensende regelmäßig den „Wachtturm" und „Erwachet" in meinem Briefkasten finden werde. Aber das ärgert mich nicht mehr.

Zukunftsträume

Mein geliebter Gärtnerberuf ist zugleich mein Hobby. Notizen von meinem „Schülerbogen" aus dem Jahr 1943: „Eberhard ist ein ausgesprochener Naturfreund". Ja, und so träume ich in die Zukunft. Mit dreizehn Jahren schreibe ich 1946 zum Thema „Zukunftspläne" in einem Schulaufsatz: „Da meine Vorfahren väterlicherseits seit Generationen Handwerker waren und mütterlicherseits seit Jahrhunderten Bauern, habe ich auch wieder die Lust zum Handwerk und die Liebe zur Scholle geerbt. Deshalb habe ich mich schon seit mehreren Jahren für den Gärtnerberuf entschieden. Ich hoffe, eine gute Lehrstelle zu erhalten. Obwohl ich weiß, dass auch der Gärtnerberuf nicht nur gute Seiten hat, will ich dann fröhlich an die Arbeit gehen. Der schönste Zukunftstraum aber wird eine eigene Gärtnerei sein. Mit Obst- und Beerenkulturen, großen Blumen- und Gemüsebeeten und vielen Bienenstöcken. Zukunftsträume! Wer weiß ob sie in Erfüllung gehen. Aber was wäre ein Leben ohne Zukunftsträume?"
Drei Jahre Lehrzeit. Und nun sehe ich aufgeregt der Gärtnergehilfenprüfung entgegen. Da mein Lehrbetrieb zu den besten im Landkreis Annaberg gehört, findet die praktische Prüfung in Thum statt. Ich bereite mich gründlich vor und die Prüfung gelingt. Mit „sehr gut" habe ich bestanden, auch in der Theorie. Noch am selben Tag bekomme ich das Angebot für ein Gartenbaustudium in Pillnitz. Meine Zukunftsträume scheinen in Erfüllung zu gehen. Aber nicht nur mein geliebter Gärtnerberuf begeistert mich. Auch der ehrenamtliche Dienst als Mitarbeiter in der Jungen Gemeinde erfüllt mich ganz. Wenige Wochen nachdem Gott mich zu sich bekehrt hat, erlebe ich die erste Bibelrüstzeit für Mitarbeiter. Unvergessliche Tage in der „Teichschänke" an den Geyrischen Teichen. Die Strecke dorthin gehe ich zu Fuß. Bevor ich losgehe, ist ein gewaltiger Gewitterregen niedergegangen. Aber nun verziehen sich die schwarzen Wolken. Ich gehe durch reifende Roggenfelder. Als ich

mich umdrehe, sehe ich einen gewaltig leuchtenden Regenbogen über Stadt und Landschaft. Es ergreift mich und ich setze mich in das noch feuchte Gras. Mein Herz ist bis oben gefüllt mit Gebet, mit Lob und Dank. Seit diesem Erlebnis ist jeder Regenbogen, den ich sehe, ein Symbol der großen Liebe Gottes. In der „Teichschänke" erlebe ich zum ersten Mal eine wunderbare Rüstzeit. Die gemeinsamen Stunden mit dem Jugendwart Christoph Zschach, der Jugendwartin Ursula Fröde und dem Jugendpfarrer Erhard Wonneberger werden zur großen Freude. Suchen im Wort Gottes, frohes Singen neuer Lieder. Spiel und Spaß, inniges Beten, Kennenlernen von neuen Schwestern und Brüdern. Familie der Kinder Gottes. Und so haben wir damals gesungen:

> Wir wollen es klar bekennen,
> dass unsere Hände leer sind.
> Wir wollen den Namen nennen
> von dem unsre Herzen schwer sind:
> Christus.

> Wir wollen uns Sein nicht schämen
> wenn viele Ihn auch verachten.
> Vom heiligen Brote nehmen,
> nach Ihm und dem Reiche trachten:
> Christus.

Gestärkt und zugerüstet geht es wieder in den Alltag. Zurück in die Gärtnerei und in die Jugendkreise. Nach der Gehilfenprüfung folgt noch ein Jahr Arbeit in der Lehrgärtnerei und ein Jahr Mitarbeit in der Jungen Gemeinde. Einsatz und Gebet tragen Früchte. Die Jugendkreise wachsen und wachsen. Der Traum vom Studium ist längst nicht ausgeträumt. Aber vorher möchte ich noch praktische Erfahrungen in einer anderen Gärtnerei sammeln. Schweren Herzens nehme ich Abschied von der geliebten Gärtnerei in Thum, von der ich bis heute nachts manchmal träume. Abschied nehme ich auch von der Jungen Gemeinde. Christoph gibt mir noch einen Rat mit auf den Weg: „Wenn du in Weinböhla bist, dann suche den Kirchturm, und du wirst die Kirche finden, daneben steht das Pfarrhaus, daran hängt ein Schaukasten. Dort drin stehen auch die Termine der Jungen Gemeinde. Die besuchst du dann gleich in der ersten Woche. Wenn du Christ bleiben willst, darfst du nie allein bleiben." Beim ersten Besuch werde ich etwas kritisch beäugt, aber bald bin ich mitten drin. Ein großer lebendiger Jugendkreis nimmt mich auf und ich habe wieder eine beglückende Erfahrung machen dürfen, die sich bis heute immer wieder bestätigt: Wo ich auch bin, nie bin ich allein. Weltweit finde ich Schwestern und Brüder, die mit mir auf einem Weg unterwegs sind. Neue Erfahrungen auch in der Gärtnerei. Der Großbetrieb liegt in den Elbwiesen und kultiviert Gladiolen und Chrysanthemen. Mein Gott, wie schön ist doch Deine Welt! Mein Leben drängt zu einer neuen Entscheidung. Studium für Gartenbau – oder? Ganz neu kommt der Gedanke, ob es nicht auch ein Weg sein könnte, mit ganzer Kraft Mitarbeiter in der evangelischen Jugendarbeit zu werden und vorher eine entsprechende Ausbildung zu machen. Beides möchte ich tun, beides mit ganzer Kraft. Ich frage Christoph um Rat, um Beratung, um eine Entscheidungshilfe. Das erste Mal bin ich von ihm enttäuscht. Er hält beide Wege für möglich. Er will und kann mir diese schwere Entscheidung nicht abnehmen. Er rät mir, intensiv zu beten und mich zu informieren. Qualvolle Monate liegen vor mir. Wie soll ich mich entscheiden? Da gibt es ein Herbsttreffen für Mitarbeiter der Jugendarbeit in Berlin-Oberschöneweide. Schöne Tage in großer Gemeinschaft. Am vorletzten Tag informiere ich mich, fahre nach Berlin-Spandau ins Diakonenhaus vom Evangelischen Johannesstift und werde von dort nach Weißensee verwiesen. Dort soll in der Adolf-Stöcker-Stiftung (später „Stephanus-Stiftung") eine ganz neue Diakonenausbildung für junge Männer aus dem Ostbereich Deutschlands entstehen. Es gibt einige Gespräche und

Informationen. Auf der Rückfahrt nach Weinböhla sehe ich links und rechts der Bahnstrecke immer wieder große Gärtnereien. Ich verwerfe den Gedanken, Diakon zu werden. Eine Woche später kommt die Weichenstellung. Ich weiß es noch ganz genau. Es ist ein Sonntag. Seit ich Christ geworden bin, lese ich jeden Morgen die Texte im Büchlein der Herrnhuter Losungen, lese sie erwartungsvoll und finde in Gottes Wort immer wieder Kraft, Trost, Mahnung, Orientierung. Und was ist der Text für diesen Tag?

Sein Wort trifft mich ins Herz. Und plötzlich habe ich Klarheit im Blick auf meinen weiteren Weg. Gott reißt mich (auch wenn es schmerzlich ist!) aus meinem Beruf. Gott führt mich ins Weite (und wie er das getan hat!). Gott hat Lust zu mir. Warum, das ist mir bis heute unbegreiflich!

> *„Er führte mich hinaus ins Weite, er riss mich heraus; denn er hatte Lust zu mir."*
> *Psalm 18,20*

Noch am selben Tag schreibe ich meine Kündigung im Gärtnereibetrieb und einen Brief mit meiner Entscheidung an meine Eltern. Mein Vater schreibt wütend: „Was ist denn mit dir los? Noch einen Beruf? Was ist das eigentlich: Diakon?" Meine Mutter schreibt darunter: „Du bist alt genug, du musst selber entscheiden". Vier Wochen nach der großen Weichenstellung fahre ich mit zwei großen Koffern und einem erwartungsvollen Herzen nach Berlin. Es soll so sein: Ein Neues beginnt!

Höhen und Tiefen
(Berlin 1952-1958)

Aller Anfang ist schwer

Kirchlich diakonischer Lehrgang (KDL) nennt sich unsere Diakonenausbildungsstätte am schönen Weißensee in Berlin. Die Lage ist idyllisch. Alte Bäume. Parkanlagen mit Bänken und Blumenrabatten. Gegenüber unserer Einrichtung das Volkspolizeiamt. Eine interessante Nachbarschaft. – Der Unterricht beginnt. Eine Schar junger Männer aus den verschiedensten Berufen hat sich zur Diakonen-Ausbildung gesammelt. Alle miteinander sind wir erfüllt mit dem Wunsch, später einmal irgendwo im Osten Deutschlands für andere Menschen da zu sein. Wir haben die unterschiedlichsten Unterrichtsfächer und Lehrkräfte. Es soll ja hier etwas Neues entstehen. Die erste Begeisterung ist groß. Die ersten Monate vergehen. Argwöhnisch werden wir von den Genossen der Volkspolizei beobachtet. Wir spüren die Gefahr. Eines Tages dann die Aufforderung von staatlicher Stelle, dass wir alle innerhalb von 24 Stunden den Raum von Berlin zu verlassen hätten. Die ersten Anzeichen des Kalten Krieges zwischen DDR-Staat und Kirche. Wir beraten. Unser Brüderhauspfarrer Eberhard Springer handelt mutig. In unser Überlegen hinein sagt er: „Ich werde bleiben!" Wir schließen uns seiner Entscheidung an, warten gespannt und machen unsere

Beim Studium

ersten Erfahrungen im Umgang mit der kommunistischen Führung. Nach drei Tagen wird der Befehl offiziell zurückgenommen. Wir dürfen bleiben. Nach einigen Wochen kommen für mich Probleme von einer ganz anderen Seite. Direkt gegenüber von meinem Zimmer auf der anderen Straßenseite steht eine große Gärtnerei. Sehnsüchtig gleiten meine Augen über die großen Gewächshäuser, über die Blumenbeete. Aufmerksam beobachte ich die Gärtner bei ihrer täglichen Arbeit. Meine Hände bewegen sich. Sie möchten nicht nur Tag für Tag den Füllfederhalter zwischen den Fingern halten, sondern einen Spaten oder eine Schaufel. Meine Anfangsbegeisterung im KDL ist vorbei. Ich spüre, dass Glaube kein fester Besitz ist, sondern immer wieder in Frage gestellt wird. Es kommt zur Krise. Im Zeitungskiosk an der Ecke kaufe ich mir eine „Gärtnerpost". Auf Seite 6 stehen Stellengesuche und Angebote. Meine Augen suchen in den Spalten und werden fündig: „Wir suchen ab sofort Gärtnergehilfen. Wilhelm Elsner, Dresden-Tolkewitz, Kipsdorfer Str.". Von dieser (noch privaten!) Großgärtnerei hatte ich schon viel gehört. Nach einigen Tagen halte ich das Antwortschreiben auf meine Bewerbung in Händen: „Sie können sofort mit der Arbeit beginnen." Alles andere geht dann auch ganz schnell. Ich schnüre meine Bücher und meine sieben Sachen. Für das letzte Geld kaufe ich mir ein paar Gummistiefel und eine Fahrkarte nach Dresden. Ins Erzgebirge will ich nicht fahren. Da würde ich mich schämen. Dort hatte man mich ja in der Jungen Gemeinde in Crottendorf feierlich verabschiedet: „Der Eberhard wird Diakon! - Aah. Diakon!" – Und nun? Nun bin ich auf der Flucht. Und Gott, der mich zum Glauben und zum Dienst gerufen hat, lässt mich ziehen. Sicher mit traurigem und schwerem Herzen. Aber er lässt mich ziehen. So wie der Vater im „Gleichnis vom verlorenen Sohn" seinen Jungen nicht daran hindert wegzugehen. Er hat mir die Freiheit zur Entscheidung gegeben. Nun stehe ich also vor dem völlig verdutzten Diakonenhausvater König und verabschiede mich, hinterlasse meine

Bücher (die brauche ich nie wieder!) und fahre mit der Linie 74 zum Bahnhof. Geknicktes Rohr. Glimmender Docht. Ich gehe m e i n e n Weg.

Und wieder Gärtner. Wie lange?

Ein Traum vieler Gärtnergehilfen erfüllt sich. Weit über die Grenzen Sachsens hinaus ist der Name „Gartenbau Wilhelm Elsner" ein Begriff. Schon seit Jahrzehnten. Vorwiegend Jungpflanzen werden hier herangezogen und zu DDR-Zeiten europaweit verkauft. Pelargonien, Chrysanthemen, Azaleen. Über die neuesten Methoden der Stecklingsvermehrung kann ich nur staunen. Schnell werde ich in die große Schar der Facharbeiter und Lehrlinge aufgenommen. Endlich kann ich wieder mal körperlich arbeiten. Ich atme auf! Beeindruckt bin ich vom Chef des Betriebes, von seinem Umgang mit uns. Wie geht man mit seinen Mitarbeitern um? Die Zeit dort sollte gerade zu dieser Frage eine Lektion für meinen späteren Dienst sein. Obwohl „Elsner" einer der größten und leistungsstärksten Unternehmen in Dresden ist, staunen wir über die außerordentlich bescheidene Lebensweise des Chefs und seiner Familie. Wenn wir im Spätherbst bei Schneeregen unter schwierigsten Bedingungen im Freien arbeiten müssen, ist der Chef wie ganz selbstverständlich mitten unter uns und schuftet mit. Unvergesslich auch die Winternächte im Heizhaus. Vierzig große Gewächshäuser müssen beheizt werden, eine große Verantwortung. Jeder Mitarbeiter hat ab und zu Nachtdienst. Immer wieder müssen die riesigen Heizkessel mit Kohle versorgt werden. Zu mitternächtlicher Stunde öffnet sich die Tür. Der Chef macht seinen Kontrollgang und nimmt neben mir Platz. „Herr Heiße, wie geht es Ihnen? Fühlen Sie sich wohl in unserem Betrieb? Gibt es Dinge, die anders sein sollten? Wie sieht Ihre Zukunft aus?"

Dann ist noch Zeit für Fachsimpeleien. Manchmal dauern die Gespräche eine Stunde und länger. So entsteht nicht nur für hunderttausende Jungpflanzen ein gesundes Klima, sondern auch für uns Mitarbeiter. Besonders interessant sind seine Berichte vom Gartenbaustudium in den USA und seine Erlebnisse in Nordafrika, wo er im Zweiten Weltkrieg lange Zeit persönlicher Fahrer von General Erwin Rommel war.

Eines Tages bekommen wir Besuch. Ein paar Männer vom Freien Deutschen Gewerkschaftsbund (FDGB) suchen das Gespräch mit den Gärtnergehilfen. Sofort spüren wir die Absicht. Es ist die Suche nach (politischen) Schwachpunkten im Betrieb und beim Chef. Es sind Versuche, einen der letzten privaten Großbetriebe in Dresden volkseigen zu machen, also zu verstaatlichen. Aber wir stehen geschlossen zu unserem Chef und seinem Betrieb. Missmutig ziehen die Genossen wieder ab. Einige Jahre später (ich habe es selbst nicht miterleben müssen) wird der „Gartenbau Wilhelm Elsner" enteignet. Wilhelm Elsner muss mit seiner Familie das Wohnhaus im eigenen Gärtnereigelände verlassen. Sie bekommen irgendwo eine andere Wohnung zugewiesen.

Viele Jahre danach habe ich meinen ehemaligen Chef noch einmal besucht. Er erkannte mich sofort wieder. „Meine Tochter studiert jetzt Gartenbau", sagt er, und: „Ich denke, die Zeiten werden sich einmal ändern!" – Sie haben sich geändert! An der A13, Abfahrt Thiendorf, ist mit dem Traditionsnamen „Elsner" ein neuer hochmoderner Gartenbaubetrieb entstanden (www.pac-elsner.com).

Es wird Frühling. Die Sonne erwärmt unsere Gewächshäuser. Die Nächte sind mild. Ich habe mich eingelebt. Manchmal gehe ich durch die Straßen Dresdens. Es gibt noch viele Trümmerberge, aber so manches wird schon wieder aufgebaut. Mein Gärtnerdasein befriedigt mich und doch gibt es in mir eine unbeschreibliche Leere. Eines Tages bleibe ich am Schaukasten der Kirchgemeinde Tolkewitz stehen. Eine ganze Menge Veranstaltungsangebote: „Wir laden ein zur Jungen Gemeinde. Jeden Dienstag 19.30 Uhr." Einige Tage später finde ich mich in einem großen Kreis junger Leute wieder und werde herzlich aufgenommen. Danach gibt es noch ein Gespräch mit dem Leiter der Jungen Gemeinde. Er sucht dringend jemand, der Plakate für den Schaukasten entwirft und gestaltet. „Das ist mein Hobby. Wunderbar!" So finde ich zurück in die Gemeinschaft junger Christen. Langsam fließt das Vertrauen zu Gott in mein Leben zurück. Das „geknickte Rohr" richtet sich auf, der „glimmende Docht" brennt wieder. Inzwischen habe ich entdeckt, dass es unter uns Gärtnern auch eine Reihe junger Christen gibt. Wir finden uns zusammen und kommen auf eine gute Idee. Ab jetzt wird 40 Minuten früher aufgestanden. Das ist ein ganz schönes Opfer! Dann laufen acht bis zehn junge Leute aus dem Betriebsgelände in Richtung Elbe. Dort haben wir einen angespülten Holzstamm entdeckt. Zuerst werden die aktuellen Wasserstände der Elbe kontrolliert. Dann sitzen wir auf dem Baumstamm. Jeder hat sein kleines Neues Testament mitgebracht. Wir machen „Stille Zeit". Ein Text wird gelesen, wir tauschen uns darüber aus und dann beten wir. Wenn noch Zeit ist, singen wir eines unserer neuen Lieder (rechts). Jetzt aber schnell wieder zurück! Im Dauerlauf geht es zur Arbeit. So verleben wir über Monate hinweg an der Elbe stärkende Minuten, die Gemeinschaft untereinander und mit Gott wächst. Dann wird es kalt. Der Winter steht vor der Tür. Und ich

> Jesus Christus, König und Herr,
> sein ist das Reich, die Kraft, die Ehr.
> Gilt kein andrer Name / heut und
> ewig. Amen.
> In des Jüngsten Tages Licht,
> wenn alle Welt zusammenbricht,
> wird zu Christi Füßen / jeder
> bekennen müssen:
> Jesus Christus, König und Herr,
> sein ist das Reich, die Kraft, die Ehr.
> Gilt kein andrer Name / heut und
> ewig. Amen.

stehe eines Tages vor der Tür unseres Diakonenhauses in Berlin-Weißensee. Den Kopf leicht gesenkt stehe ich vor dem Diakonenhausvater. Was wird nun passieren? Ähnliches wie im Bericht des Neuen Testaments bei der Rückkehr des verlorenen Sohnes. „Eberhard, Du bist wieder da. Da freuen wir uns! In Zimmer 12 ist noch ein Bett für Dich frei. Dann geh auf den Dachboden, da findest Du Deine Bücher. Wir haben sie für dich aufgehoben. Wir haben gewusst, dass du wiederkommst." Das Leben im Diakonenhaus geht weiter. Mit einem Jahr Verspätung kann ich dann die Ausbildung beenden. Aber bis dahin sind noch aufregende Dinge geschehen.

Tarnorganisation für Kriegshetze und Spionage?

Alle Diakonenschüler kommen aus Jungen Gemeinden der DDR. Viele wollen nach der Ausbildung als Jugendwart arbeiten. Voller Spannung beobachten wir die politische Entwicklung 1952/53. Denn die Spannung zwischen der Einheitsorganisation Freie Deutsche Jugend (FDJ) und den Jungen Gemeinden wächst, gewinnt an Schärfe. Immer mehr entwickelt sich die FDJ zur Staatsjugend, bezeichnet sich als „Kampfreserve der Partei". Diese Partei ist die Sozialistische Einheitspartei Deutschlands (SED), ihre Grundlagen sind der dialektische Materialismus, Atheismus, Kommunismus. Die FDJ besteht auf ihren Absolutheitsanspruch. Es gibt Auseinandersetzungen um das „Kugelkreuz", das Bekenntniszeichen der Jungen Gemeinde. 1953 spitzt sich die Lage zu. Schüler, die sich zur Jungen Gemeinde halten, werden von der EOS (Erweiterte Oberschule, heute: Gymnasium) verwiesen. Unsere Jugendzeitschrift „Die Stafette" darf nicht mehr erscheinen. Bibelrüstzeiten (Bibelfreizeiten) werden gestört und aufgelöst, unsere Schaukästen entfernt.
Es erscheint eine Riesenauflage der „Jungen Welt", dem Zentralorgan der FDJ. In dieser Sonderausgabe wird in

der Hauptüberschrift die Evangelische Jugend, die Junge Gemeinde, als „Tarnorganisation für Kriegshetze, Sabotage und Spionage im USA-Auftrag" beschimpft. Auf vier großen Seiten lesen wir Verleumdungen, Entstellungen, Lügen, Anschuldigungen. Damit beginnt der „Kirchenkampf" der SED-Führung. Studentengemeinden werden vom Staat aufgelöst. Rüstzeitheime und Einrichtungen der Inneren Mission (Diakonie) werden enteignet und geschlossen. In einem großen Sternmarsch der FDJ wird eines unserer größten Heime, das „Schloss Mansfeld", in Besitz genommen. Von der mächtigen Burgmauer prangt ein Riesentransparent mit der Aufschrift „Wir lassen unsere Jugend nicht spalten". Erinnerungen an die mit Gewalt durchgeführten Einheitsbestrebungen der Hitlerjugend 1936 werden wach. Die Lage eskaliert. Die Jungen Gemeinden werden als illegal erklärt und verboten. Es kommt zu ersten Verhaftungen. In Rostock wird der Jugenddiakon Herbert Bütge zu acht Jahren Zuchthaus verurteilt.

In Potsdam-Hermannswerder soll ein Treffen der Jungen Gemeinden stattfinden mit Gottesdienst, Abendmahl und Grußstunde. Kurz vor dem Ziel ist die Straße gesperrt. Eine Doppelreihe der Deutschen Volkspolizei. Davor drängen sich Jugendliche der Jungen Gemeinden. Schließlich stehe ich vor den Polizisten. Ich bitte darum mich durchzulassen. Ablehnung. Ich frage nach dem Grund. Die Antwort: „Da hinten ist eine illegale Zusammenrottung der Jungen Gemeinde." Das also ist die viel gerühmte Religionsfreiheit, die in der DDR-Verfassung verankert ist. Aber wir haben ein neues Lied und es wird von Jugendkreis zu Jugendkreis weitergegeben und gesungen:

Wir jungen Christen tragen ins dunkle deutsche Land
ein Licht in schweren Tagen als Fackel in der Hand.
Wir wollen Königsboten sein des Herren Jesu Christ.
Der frohen Botschaft heller Schein
uns Weg und Auftrag ist.

Das Kreuz ist unser Zeichen, den Sieg gibt er allein.
Hier gilt kein schwaches Weichen.
Herr, schließe fest die Reih`n.
Du gibst uns Kraft zu tragen des Menschen Hohn und Spott.
Wir wollen weitersagen, was endet alle Not.

Am 2. Juni 1953 fliegen Walter Ulbricht und andere SED-Funktionäre nach Moskau. Die sowjetische Führung fordert einen Kurswechsel, unter anderem auch eine vollständige Rücknahme aller gegen die Kirchen in der DDR gerichteten Aktionen. Am 10. Juni gibt es ein Spitzengespräch zwischen dem Ministerrat der DDR und Vertretern der Kirchen in der DDR. Fehler werden eingestanden, Erleichterungen zugesagt. Lehrer aus den EOS (heute: Gymnasien) werden aufgefordert, sich bei den Schülern, die einige Wochen vorher der Schule verwiesen wurden, zu entschuldigen und den weiteren Schulbesuch zu garantieren. Ein Aufatmen geht durch die Jungen Gemeinden. Auch im politischen und wirtschaftlichen Bereich werden Zugeständnisse gemacht, Erleichterungen versprochen. Ventile werden geöffnet, aber der Druck ist zu stark und entlädt sich jetzt mit aller Gewalt.

17. Juni 1953

Die Luft knistert. Wir absolvieren gerade ein Kurzpraktikum. Mein Einsatzgebiet: Eine Männerstation im Altenheim. Andere gehen in die Jugendarbeit. Das ist ja auch mein Traum. Nun bin ich bei den Alten, die schon „Moos auf dem Rücken" haben. Die Jüngsten sind so um die 70. Nach der ersten Enttäuschung finde ich in die Arbeit, und rückblickend bin ich für diese Zeit sehr dankbar. In meiner Freizeit kümmere ich mich um die ziemlich verwahrlosten Parkanlagen der Adolf-Stöcker-Stiftung. Mitten hinein kommt der denkwürdige 17. Juni. So gegen 8.00 Uhr am Morgen fahre ich mit der Straßenbahn ins Zentrum zum Berliner Alexanderplatz. Dort will ich Sämereien und Pflanzen kaufen. Am Ziel angelangt merke ich plötzlich: Ostberlin hat sich verändert. Was ist passiert? Aus der Stalinallee, der entstehenden Prunk- und Prachtstraße, kommen tausende Bauarbeiter. Auch aus anderen Straßen strömen sie ins Zentrum. Schon höre ich die ersten Sprechchöre:

„Kommt Berliner, reiht euch ein. Wir wollen keine Sklaven sein!" und „Es hat ja keinen Zweck, der Spitzbart (Walter Ulbricht) der muss weg!" Und immer wieder: „Freie Wahlen!", „Keine Normerhöhung!". Die ersten Zeitungskioske brennen. Die Menschenmassen wälzen sich zum Marx-Engels-Platz (ehemals Lustgarten). Blumensämereien und Pflanzen sind längst vergessen. Ich reihe mich mit ein. Zum ersten Mal nehme ich an einem Umzug in der DDR teil.

Am 1. Mai (dem „Internationalen Kampf- und Feiertag der Werktätigen für Frieden und Sozialismus") stand ich manchmal kurz am Straßenrand und habe in die Gesichter der Demonstrierenden gesehen. Und ich wusste um die Hintergründe. Die Kinder mussten marschieren mit blauem Pionierhalstuch, die Älteren im Blauhemd, dem klassischen Kleidungsstück des sozialistischen Jugendverbands. Die Arbeiter wurden mehr oder weniger gezwungen und zugleich gelockt mit 5 DDR-Mark und einer Bockwurst, wenn sie mit dabei sind. Mancher hat sich seine „Anerkennung" geholt und sich nach hinten davongeschlichen.

Nun sehe ich aber in völlig andere Gesichter. Erfüllt mit Freude, Hoffnung, Leidenschaft. Ein Gedanke blitzt auf: „Das ist der Aufstand des Proletariats. Karl Marx würde seine Freude haben." Jetzt sind es schon Zehntausende, Hunderttausende. Die Straße „Unter den Linden" ist mit Menschen überfüllt. Später wird das gesamte S-Bahnnetz in Berlin stillgelegt. Aber die Bewegung ist nicht zu stoppen. Zu Fuß kommen sie aus Hennigsdorf und anderen Randbezirken. Oft sind sie Stunden unterwegs. Was sind das für Frauen und Männer? Was geht in ihnen vor? Was liegt hinter ihnen? Krieg, Gefangenschaft, Hunger und immer wieder Hunger. Hoffnung auf einen neuen Anfang. Und dann: Pausenlos erhöhte Arbeitsnormen, leere Versprechungen, eine neue Diktatur, keine Pressefreiheit, keine Reisefreiheit, keine freien Wahlen. Und nun: Der elementare Aufbruch. Wir ziehen zum Brandenburger Tor. Darauf weht immer noch die rote Fahne. Eine Mauer gibt es noch nicht. Wir biegen nach links zum Potsdamer Platz, zur Leipziger Straße. Dort staut sich die Demonstration. Bauarbeiter klettern auf umliegende Ruinen und verbrennen DDR-Fahnen. Zu meinen Füßen liegt eine zerbrochene Marmortafel mit der Inschrift: „Regierung der Deutschen Demokratischen Republik". Da öffnet sich eine Seitentür im Gebäude. Männer in dunklen Anzügen strömen heraus. Eine Gegendemonstration. Sie singen: „Wir sind die junge Garde des Proletariats." Aber die Bauarbeiter von der Stalinallee sehen das anders. Es kommt zu ersten Tätlichkeiten. Die Genossen flüchten wieder in den Schutz des Regierungsgebäudes. Dann bewegen sich die Menschenmassen wieder zum Brandenburger Tor. Großer Jubel begleitet junge Arbeiter, die auf das Berliner Wahrzeichen steigen und die rote Fahne herunterreißen. Dicht neben mir fällt sie in die Menge und wird noch in der Luft zerrissen. Wieder geht es in Richtung Alexan-

derplatz. Plötzlich Motorengeräusch. Russische Panzer.
In ihren Türmen stehen die Kommandanten und winken.
Alles ist irritiert. Einige rufen „Die hau`n auch schon ab in
den Westen!" Aber das war ein Irrtum. Auf einer Tribüne
am Marx-Engels-Platz stehen einige Arbeiter und rufen
ihre Forderungen in die unübersehbare Menschenmen-
ge. „Freie Wahlen!", „Herabsetzung der Normen!". Doch
dazu sollte es nicht kommen. Am Alexanderplatz liegt das
Polizeipräsidium. Steine fliegen durch die Luft. Die Poli-
zei rollt Wasserschläuche aus und dann fallen die ersten
Schüsse. Ein tausendfaches „Pfui!" ist die Antwort der
Arbeiter. Der Zug bewegt sich zum SED-Zentralgebäude.
Und dann kommen russische Soldaten mit aufgepflanz-
ten Bajonetten in fünffacher Reihe über die gesamte Stra-
ßenbreite der Demonstration entgegen. Angst kommt auf,
Erinnerung an den Krieg. Die Wucht der Demonstration
ist gebrochen. Schon tauchen die ersten Zettel auf: „Aus-
nahmezustand!" Auf der Straße sehe ich SED-Abzeichen
liegen. Von Genossen, die keine Hoffnung mehr haben.
Straßenbahnen fahren nicht mehr, so mache ich mich auf
den Fußweg nach Weißensee, vorbei an umgestürzten und
ausgebrannten Polizeiautos. Erst gegen Abend komme ich
zurück ins Diakonenhaus und muss meine Erlebnisse erzählen. In der Nacht vom 17. zum 18.Juni ist kein Schlaf
zu finden. Ununterbrochen rollen russische Panzer und
Einsatzwagen aus dem Umfeld Berlins in die Stadt. Am
Morgen stehen auf allen Plätzen und an allen Straßenek-
ken Panzer. Aufgesetzte Maschinengewehre, Geschütze.
Der Aufstand der Arbeiter ist von der so genannten Ar-
beiterregierung und den „sowjetischen Freunden" blutig
niedergeschlagen worden, auf dem gesamten Gebiet der
DDR. Viele der „Provokateure" werden in den nächsten
Tagen und Wochen verhaftet, hingerichtet.

Renate

Weihnachtsferien. Endlich kann ich wieder mal in meinem geliebten Erzgebirge sein. Die Schneeverhältnisse sind ausgezeichnet. Ein paar Tage nach dem Christfest ziehe ich mit meinen Skiern durch die tief verschneiten Wälder. Nachdem sich der Nebel aufgelöst hat, brechen die Sonnenstrahlen durch und verwandeln alles in eine Wunderwelt. Mein Herz ist voller Glück. Nach etwa zweieinhalb Stunden anstrengenden Aufstiegs stehe ich stolz auf der mit 1214 Meter höchsten Erhebung der DDR, dem Fichtelberg. Nach kurzer Rast gibt es tolle Abfahrten nach Oberwiesenthal. Dann muss ich schon wieder an die Heimfahrt denken. Der durch die Sonne etwas angetaute Schnee ist schon wieder leicht überfroren. In kurzer Zeit werde ich in Crottendorf sein. Die Dämmerung bricht schon herein. Im Schnee vermummte Bäume fliegen vorüber. Da, plötzlich vor mir auf der Straße eine dunkle Gestalt. Mein erster Gedanke: „Ein Reh!" Doch es ist kein Reh. Es ist Renate, ein Mädchen aus meinem Heimatort. Die Strecke ist zweispurig, so können wir gut nebeneinander fahren und es gibt viel zu erzählen. „Wo bist du denn jetzt?" – „In Eberswalde bei Berlin, und du?" – „In Berlin, ist nicht möglich. Wir müssen uns treffen!" Schon werden Termin und Treffpunkt ausgemacht.

Bald sind die Weihnachtsferien vorbei. Es geht wieder zurück ins Diakonenhaus nach Weißensee. Wenige Tage später treffe ich mich mit Renate in Berlin am Bahnhof „Friedrichstraße". Dort in der Nähe finden wir ein gemütliches Café. So sitzen wir uns zum ersten Mal gegenüber und wir haben uns viel zu erzählen. Wie wohltuend ist es, inmitten dieser großen Stadt ein Stückchen Erzgebirge zu finden und in der geliebten Mundart zu sprechen. Renate ist schon fertig mit ihrem Studium und ist Lehrerin. Es gibt genügend Gesprächsstoff und die Stunden verfliegen. Kurz vor 24.00 Uhr brechen wir auf. Aber vorher wird noch ein Termin fürs nächste Treffen vereinbart. Renate ist rundum schön, sympathisch, intelligent. Und so verlieben wir uns. Meine erste große Liebe! Beim nächsten Treffen gehen wir in ein Konzert und dann wieder in unser Kaffee. Wir reden von Gott und der Welt. Dass ich an Gott glaube, kann Renate nicht verstehen. „Du bist doch klug, wie kannst du nur so unwissenschaftlich sein?" So beginnt ein Ringen der Weltanschauungen, das fast zwei Jahre währt. In einer Frage sind wir uns einig. Wir wollen einmal heiraten. Aber das geht nur, wenn wir eine gemeinsame Grundlage haben. Und während sich in unserem kleinen Kaffee die Liebespaare küssen und zärtlich miteinander tanzen, diskutieren wir über Karl Marx und Jesus und tauschen unsere Bücher aus. Natürlich denken wir auch an Familie und Kinder. Wir können sie nicht zweigleisig erziehen, auch darüber sind wir uns einig. Es kann nicht sein, dass ein Elternteil am Kinderbett ein Abendgebet spricht und der andere denkt oder sagt: „Der spinnt wieder mal!" Natürlich bete ich darum, dass Gott Renate zum Glauben führt: „Jesus, du hast den Paulus zur Umkehr geführt, du wirst doch auch die Renate bekehren können." Je mehr ich um sie bete und mit ihr diskutiere, desto fanatischer wird sie in ihrer Weltanschauung.

Ich habe die ganze DDR-Zeit bewusst durchlebt und viele Gespräche mit jungen Marxisten geführt. Aber ich kann mich nicht daran erinnern, dass jemand überzeugter war als Renate. Und in alldem wird unsere Liebe und Zuneigung immer stärker.

Unvergesslich: Eine FDJ-Großveranstaltung. Renate zuliebe gehe ich mit. Unvergesslich der Abschluss. Das Stadion ist mit dem Blau der DDR-Jugendorganisation und Begeisterung gefüllt. Stehend wird das Weltjugendlied gesungen:

> *Unser Lied die Ländergrenzen überfliegt.*
> *Freundschaft siegt, Freundschaft siegt.*
> *Über Klüfte, die des Krieges Hader schuf*
> *klingt der Ruf, klingt der Ruf:*
> *Freund, reih dich ein,*
> *dass vom Grauen wir die Welt befrein.*

Und während sich jetzt alle an den Händen fassen und die Arme in die Höhe reißen, tut das Renate auch und ihr Blick sagt: „Nun kapier doch endlich!" Eine Woche später gehe ich mit Renate in einen Jugendgottesdienst, aber der Funke springt nicht über. Es sind qualvolle Monate. „Sie konnten zusammen nicht finden…"

Inzwischen lebt Renate in Neuzelle, wo sie in einem Lehrerseminar unterrichtet. Unvergesslich mein Besuch bei ihr. Zwei Stunden haben wir Zeit für Abendbrot und Gespräch. An diesem Abend ist aber auch SED-Parteiversammlung. Renate leitet diese Gruppe und hat einen Vortrag zu halten. Parteiversammlungen sind intern, aber die Gruppe ist einverstanden, dass ich dabei sein kann. Ungewöhnlich ist es schon, dass ich bei der Diskussion immer als „Genosse Heiße" angesprochen werde und dann muss ich die Heimfahrt antreten.

Gott erhört meine Gebete, aber er erfüllt meinen innigsten Wunsch nicht. Ich bin am Zweifeln und Verzweifeln. Wieder einmal: „Geknicktes Rohr" und „glimmender Docht". Schon kommen Gedanken, ihr zuliebe, uns zuliebe, meinen Glauben aufzugeben. Oder gibt es eine Synthese zwischen Marxismus und Christentum, eine gemeinsame Plattform? Ich bin am Ende. Wir machen Schluss. Der Schmerz ist groß. Zum Abschied bekomme ich von ihr ein Büchlein mit Gedichten von Hermann Hesse „Vom Baum des Lebens". „Zur Freude und zum Vergessen" lautet die Widmung.

50 Jahre später: Ich stehe am Bücherregal und suche nach einem bestimmten Buch. Plötzlich habe ich das Abschiedsbuch von Renate in der Hand. Wie wird es ihr gehen? Wie wird sie die Zeit um 1989/90 überstanden haben? Eine Zeit später ist meine Goldene Konfirmation. Ich bin in Crottendorf. Beim Kaffee frage ich mein Gegenüber: „Was macht eigentlich Renate?" „Ja, die lebt in Dresden und ist verheiratet. Aber warte mal, da drüben sitzt jemand, der da noch besser Bescheid weiß." Nach kurzer Zeit bekomme ich die Nachricht: „Vor einigen Monaten hat sich Renate in Dresden das Leben genommen. Es ist furchtbar!" Zu Hause nehme ich noch einmal das Hermann-Hesse-Büchlein zur Hand, überfliege die Titel der Gedichte und lese.

Qual, Not, Kälte, ideologische Enttäuschung. War ihr Ausweg das Gedankengut von Hermann Hesse, den sie schon als Jugendliche verehrte? Gott, sei ihr gnädig!

> *Der Wanderer an den Tod*
>
> *Auch zu mir kommst du einmal,*
> *du vergisst mich nicht,*
> *und zu Ende ist die Qual*
> *und die Kette bricht.*
>
> *Noch erscheinst du fremd und fern,*
> *lieber Bruder Tod.*
> *Stehest als ein kühler Stern*
> *über meiner Not.*
>
> *Aber einmal wirst du nah*
> *und voll Flammen sein.*
> *Komm, Geliebter, ich bin da,*
> *nimm mich, ich bin dein.*
>
> *Hermann Hesse*

Berliner Mauergeschichten und das Fräulein X

In Berlin gibt es viele Mauern. Berühmtberüchtigte mit Stacheldraht und Selbstschussanlagen. Unüberwindbar. Und es gibt Mauern, von denen niemand spricht. Eine etwa 2,20 Meter hohe Ziegelmauer trennt das „Haus der Kirche" und die „Adolf-Stöcker-Stiftung". Im „Haus der Kirche" werden junge Mädchen zu evangelischen Kinderdiakoninnen ausgebildet, in der „Adolf-Stöcker-Stiftung" junge Männer zu Diakonen. Unsere Ausbildungsbaracke liegt zu ebener Erde, die Ausbildung der Mädchen befindet sich im 3. Stockwerk. Blickkontakte über die Mauer hinweg sind also möglich. Am Vormittag liegen die Pausen der Ausbildungsstätten zur selben Zeit, von 10.00 Uhr bis 10.30 Uhr. In dieser Zeit öffnen sich die Fenster im „Haus der Kirche". An den Fenstern sind interessante Mädchen zu sehen. Immer wieder schauen junge Diakonenschüler nach oben, um zu sehen wie sich das Wetter entwickelt. Mitunter winkt man sich zu. Wer mag wohl das Mädchen mit der grünen Strickjacke und den langen dicken Zöpfen sein? Ich habe den Eindruck, dass sie nur mir zuwinkt. Oder täusche ich mich? So winken wir uns ein paar Wochen zu. Es macht Spaß, wird dann aber auch ein bisschen langweilig. So schreibe ich eines Tages einen folgenschweren Brief. Schon die erste Zeile ist schwierig. Wie heißt sie? „Liebes Fräulein X" steht als Anrede. Und dann das Angebot eines Briefwechsels. Bei Interesse ist es ja möglich, 18.00 Uhr einen Antwortbrief über die Mauer zu werfen. Die Spannung wächst. Bei strahlendem Sonnenschein stehen die Diakonenschüler in der Vormittagspause im „Brüderpark", unterhalten sich und einige winken. Kurz entschlossen gehe ich mit meinem Brief zur Mauer und werfe ihn mit Schwung ins Nachbargrundstück. Plötzlich ist das Mädchen mit den langen Zöpfen vom Fenster verschwunden. Mein erster Gedanke: „Reaktionsschnell ist sie!" Endlich kommt der Abend. In die Dunkelheit hinein leuchten Sterne vom Himmel. Es ist kurz vor 18.00 Uhr. Wie an jedem Abend beginnt die Glocke zu läuten. Aufgeregt stehe ich an der Mauer. Ins Glockengeläut hinein höre ich ein leichtes Rauschen und zu meinen Füßen liegt ein Brief. „Sie hat geantwortet!" Immer wieder lese ich ihre Zeilen. Evilis heißt sie, ein ungewöhnlich schöner Name. Von diesem Tag an flattern fast täglich beim Abendgeläut nach beiden Seiten Briefe über unsere Schicksalsmauer, die uns trennt und doch nicht trennt. Erst nach einigen Wochen kommt es zu ersten Treffen im Park am Weißensee. Aus Neugierde und Interesse wachsen Sympathie und Liebe. Gott, der einmal gesagt hat, dass es nicht gut sei, wenn der Mensch allein ist, hat uns zusammengeführt. Diese Erkenntnis verdichtet sich immer mehr bei uns beiden. In einem fast leeren S-Bahnteil zwischen Alexanderplatz und Marx-Engels-Platz küssen wir uns zum ersten Mal. Die Heimat von Evilis ist Sonnewalde in der Niederlausitz. Dort wuchs sie als Müllerstochter auf. Ihr Vater kam bei den furchtbaren Kämpfen um Berlin 1945 in Köpenick ums Leben. In Sonnewalde lernte ich dann später Evilis Mutter kennen: Ilse Reimann. Eine ganz besondere Perle. Fröhlich, tüchtig, gläubig, hilfsbereit. Nach dem Krieg macht sie die Müllermeisterprüfung, um die Mühle weiter zu leiten.

Ja, und dann gibt es noch das obligatorische Gespräch zwischen unserem Brüderhauspfarrer und uns beiden. Das wurde uns schon bei Beginn der Ausbildung ans Herz gelegt: „Wenn ihr mal verliebt seid, dann kommt bitte bald zu einer Tasse Kaffee und einem Gespräch zum Brüderpfarrer. Ihr wisst, dass Liebe blind machen kann und wie wichtig es in eurem späteren Dienst ist, die richtige Lebensgefährtin zu haben. Wir wollen euch dabei helfen." Die Beurteilungen nach solchen Gesprächen sind unterschiedlich. „Ja, das könnte ich mir gut vorstellen" oder „Lieber Bruder, Sie sollten da noch einmal gründlich nachdenken, bevor es zu einer festen Beziehung kommt." Nach dem Gespräch und dem positiven Ausgang ist auch diese Hürde genommen und die letzten Monate der Ausbildung vergehen wie im Fluge. Kartonweise werden Briefe geschrieben, mit Fotos oder Zeichnungen geschmückt, mit poetischen Gedichten und gepressten Blumen, auf Papier, Pergament und Birkenrinde. Wir schmieden Zukunftspläne und suchen nach Namen für die 10 Kinder, die sich Evilis wünscht.

Vor 50 Jahren haben wir uns kennengelernt. Fünfzig lange, bewegte, nie langweilige Jahre gehen wir gemeinsam unseren Weg über Berge und durch tiefe Täler. Was uns zusammenhält ist unser Glaube und das gemeinsame Gebet. Gemeinsam fragen wir unseren „Navigator fürs Leben", die Bibel, nach dem weiteren Weg. Dieses Lebensbuch tröstet und stärkt auch in schweren Stunden. Evilis hat fünf gesunde Kinder für uns zur Welt gebracht (mittlerweile haben wir zehn Enkelkinder und zwei Urenkel). Im totalen Einsatz ist Evilis für unsere Kinder da, geht mit ihnen Schritte des Glaubens, ist selbst Vorbild im Glauben. Neben der aufopferungsvollen Hingabe für die Kinder hat Evilis immer Zeit mitzuhelfen und die gute Botschaft von Christus weiterzusagen. In den Krisen meines Lebens steht sie mir zur Seite, betet mit mir und für mich, richtet mich wieder auf. Danke, Gott, dass Du uns zusammengebracht hast!

Eberhard und Evilis

Zeit des Reifens
(Blütenberg 1958-1962)

Knapp dem Tod entgangen

Blütenberg liegt bei Eberswalde. Nördlich von Berlin. Dort steht auch ein Heim der Diakonie, eine Zweigstelle der Lobetaler Anstalten. Was gehört noch zu Blütenberg? Viele Hektar Wald, endlose Wiesen und Felder, ein herrlicher See, 300 Schafe, Reit- und Zugpferde, ein großer Rinder- und Schweinestall, viel Technik. Aber keine Gärtnerei. Hier leben auch 70 geistig behinderte und bildungsunfähige junge Männer. Je nach Eignung arbeiten sie in der Landwirtschaft, in den Ställen, in der Küche oder anderswo. Wenn sie keine Lust haben, arbeiten sie gar nicht.

Unsere Ausbildung ist beendet. In Sonnewalde gibt es eine wunderschöne Hochzeit. Nun beginnt der Dienst in Blütenberg. Meine Aufgabe ist es, eine Gärtnerei aufzubauen, damit nicht jeder Kohlrabi, jeder Kopfsalat und jede Toma-

te gekauft werden muss. Die Bedingungen für den Gemü-
seanbau sind günstig. Ausgezeichnete Bodenverhältnisse
und dazu das „Gold" des Gärtners: Mist in verschiedenen
Arten. Einige der jungen Männer sollen mir bei meiner
Arbeit helfen. Arbeitstherapie nennt man das heute. Noch
kenne ich die Eigenarten dieser Jungs nicht. Ernst gehört
mit zu meiner Gartengruppe. Heute gräbt er den Boden
um. Überraschend kommen Kisten, die gestapelt werden
müssen. „Ernst", rufe ich, „komm her, wir müssen Kisten
stapeln". Seine Reaktion schockt mich total. Ernst erhebt
sich, hält seinen Spaten hoch und kommt Schritt um Schritt
auf mich zu. Sein Gesicht färbt sich bleich. Aus seinem
Mund kommt Schaum. Was soll ich tun? Wenn ich fliehe,
wird Ernst mir den Spaten in den Rücken werfen. Bleibe
ich stehen, ist die Gefahr noch größer aber berechenbarer.
Jetzt steht er vor mir. Er nimmt den Spaten herunter und
schreit mich an: „Erst mach ich meine Arbeit fertig! Haben
Sie verstanden!?" Natürlich. Und nie wieder habe ich Ernst
während seiner Arbeit unterbrochen. Nach diesen und einigen anderen Anfangsproblemen sehe ich mich erfüllt in
meinem Dienst. Siebzig junge Männer und jedes Schicksal
ist ein anderes. Die Ursache ihrer geistigen Behinderung
ist so unterschiedlich wie das Umfeld, in dem sie aufgewachsen sind. In ihrem Wohnort haben sie keine Freunde.
„Du bis doof! Mit dir spiele ich nicht!" Von ihren Eltern
oftmals unselbständig oder gar nicht erzogen, in der Regel ungeliebt. Zu mir sagen sie „Bruder" und gemeinsam
mit anderen sind wir für sie da. Wir gestalten ihre freie
Zeit, begleiten sie bei der Arbeit, haben sie lieb. Mitunter
fällt das sehr schwer. Da hilft mir ein gutes Wort von Jesus Christus: „Was ihr getan habt einem meiner geringsten
Brüder, das habt ihr mir getan".
Langweilig ist es nicht. Da ist Wolfgang, das Zahlenwunder.
Im allgemeinen Umgang wird er „Peng" genannt. Aus welchen Gründen auch immer schreit er plötzlich beim Erzählen und Zuhören ganz laut sein „Peng!". In jeder freien Mi-
nute hat er den DDR-Fahrplan mit den Zugverbindungen

in der Hand. Spielend lernt er die Ankunfts- und Abfahrts-
zeiten der Züge, kennt die möglichen Verbindungen und
auch die passende Zugnummer. Wenn ich ihn frage, wie
ich am schnellsten am Wochenende nach Crottendorf ins
Erzgebirge komme, gibt er mir präzise Auskunft, obwohl
dreimal umgestiegen werden muss. Jeden Menschen, der
ihm begegnet, fragt er nach seinem Geburtstag.

Fünf Jahre nach meinem Weggang aus Blütenberg bin ich
wieder mal zu Besuch. Stürmisch kommt mir Wolfgang
entgegengelaufen: „Der Bruder Heiße ist wieder da! Der
Bruder Heiße ist wieder da! Ich weiß, wann Sie Geburtstag
haben! Am 17. März!"

Die meisten der Jungen können weder lesen noch schreiben. Was im musikalischen Bereich Noten bedeuten, davon
haben sie keine Ahnung. Aber da gibt es einige mit einer
wunderbaren Begabung. Hören sie eine Melodie, die ihnen
gefällt, nehmen sie schnell ihr Akkordeon. Ohne Fehler geben sie das Lied zum Besten wieder.

Bis heute stehen diese Jungen ganz lebendig vor meinen
Augen. Wir haben sie geliebt und sie haben diese Liebe gespürt und mitunter auch erwidert. Da ist Ernst, der mich
gleich am ersten Tag erschlagen wollte. Egal wo ich später auch war, immer wieder steht er plötzlich und unan-
gemeldet vor meiner Tür mit den Worten: „Bruder Heiße,
ich wollte Sie wieder mal besuchen". Unterm Arm seine
Aktentasche, die nur mit einem Stück Wäscheleine zusammenhält. Bei einem seiner Besuche steigen plötzlich Rauch-
wolken aus seiner Jackentasche. Ernst hat die brennende
Kippe seiner Zigarette schnell entsorgen wollen. Im Nu ist
das Taschenfutter durchgebrannt. Immer wieder haben wir
Ernst aufgenommen. Manchmal einige Tage. Jetzt lebt er in
einem Alters- und Pflegeheim in Annaberg-Buchholz. Diesen Platz konnte ich ihm noch vor der friedlichen Revolution besorgen. Im Januar 2009 ist er 85 Jahre alt geworden.
Ich habe mit ihm gefeiert. Im Café haben wir gemeinsam

Torte gegessen, viel erzählt, vergilbte Fotos angesehen und viel gelacht.

Überraschend schnell wächst in Blütenberg die Gärtnerei. Auf dem nahrhaften Boden wächst prachtvolles Gemüse: Gurken, Tomaten, Salat, Blumenkohl. Die Eigenversorgung Blütenbergs ist gesichert. Schon ein Jahr später können wir für knapp 20.000 Mark (DDR-Währung) Gemüse verkaufen. Bester Kunde ist die nahe gelegene Pionierrepublik „Wilhelm Pieck" am Werbelinsee. Wöchentlich rollen die Lastwagen, um die begehrten Vitamine für die kommunistische DDR-Kinderorganisation „Junge Pioniere" und für Kinder aus den anderen sozialistischen Ländern zu holen.

Aber auch in anderer Hinsicht ist Blütenberg ein fruchtbarer Boden. Unsere ersten beiden Kinder werden geboren und wachsen heran. Vor der Geburt Stephans gibt es eine große Aufregung. Die Wehen setzen bei Evilis ein. Ich eile zum Telefon. Am anderen Ende der Leitung werde ich von der Entbindungsstation gefragt: „Von Blütenberg?"

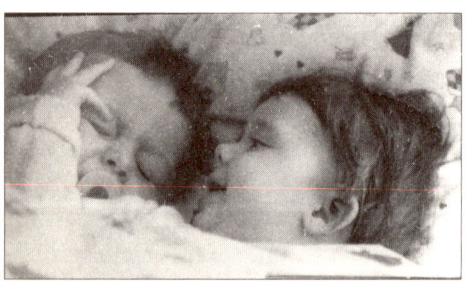

Und weiter: „Wir kennen die Wegverhältnisse. Unsere Autos schaffen das nicht. Können Sie ihre Frau nicht wenigstens mit einer Zugmaschine oder einem anderen Fahrzeug bis nach Lichterfelde bringen?" Einen Traktor haben wir nicht zur Verfügung, aber zum Glück einen Unimog, ein Allradfahrzeug für alle Zwecke. So geht es durch endlos mit Regenwasser gefüllte tiefe Schlaglöcher zur Entbindungsstation. Nur wenige Stunden später ist unser Stephan da. Ein Jahr später schenkt Gott uns Susanne. In den Blütenbergen des Gartens und der Obstplantagen verleben sie sonnige Jahre.

Zur Weihnachtszeit gibt es für uns so manche zusätzliche Büroarbeit. Die Eltern der behinderten Jungen werden, sofern auffindbar, angeschrieben. Es geht darum, ob und zu welcher Zeit ihre Kinder zu Besuch nach Hause kommen können. Fassungslos halte ich den Brief eines Vaters in der Hand, in dem er mir schreibt: „Sehr geehrter Herr Heiße, schon im Vorjahr teilte ich Ihnen mit, dass ich keinen Wert darauf lege, meinen Sohn Peter über Weihnachten aufzunehmen. Belästigen Sie mich bitte in Zukunft mit dieser Angelegenheit nicht mehr. Mit besten Grüßen…". Gott sei Dank gibt es auch andere Eltern. Dann kommt der Heilige Abend. Etwa zwanzig Jungen sind im Heim geblieben. Mit viel Phantasie und Liebe gestalten wir für sie das Christfest. Am Nachmittag fallen immer stärker die ersten Schneeflocken vom Himmel und verzaubern die Landschaft. Im festlich geschmückten Saal lesen wir die Weihnachtsgeschichte und singen einige Lieder. Heimlich verlasse ich den Raum. In einer Waldlichtung habe ich am Vormittag eine gut gewachsene halbhohe Fichte entdeckt und mit Kerzen bestückt. Es ist völlig windstill. Ich kann die Kerzen anzünden. Der Schnee auf den Zweigen gibt den vollendeten Schmuck. Schon höre ich das fröhliche Rufen der Jungs. Staunend stehen sie mit ihren großen Augen vor dem feststehenden Weihnachtsbaum und können es nicht fassen. Das sind Momente, die sich tief in mir eingeprägt haben. Welch ein unentschuldbares Verbrechen, dass im Dritten Reich geistig Behinderte als „lebensunwert" bezeichnet und in den Gaskammern auf furchtbare Weise „entsorgt" wurden.

Die Blütenberger Gärtnerei entwickelt sich. Der Winter ist eine gute Zeit für Pläne. Mit einer Pumpstation am See sollen große Flächen Gemüseland im Sommer beregnet werden. Dicht am See entdecke ich ein umfangreiches Torfvorkommen. Die Anzucht von Chrysanthemen soll erweitert werden.

Überraschend kommt eines Tages Besuch. Wilhelm Schubert, unser „Brüderältester" aus Berlin. Nach einem gemeinsamen Spaziergang durch die gärtnerischen Anlagen sitzen wir in unserem Wohnzimmer bei einer Tasse Kaffee. Was aber ist das Anliegen seines Besuches? Jetzt kommt es: „Bruder Heiße, ich freue mich über die gute Arbeit, die du hier leistest. Ich kenne ja ein wenig dein Leben. Ob Gott dich aus deinem Beruf herausgeholt hat, damit du hier wieder Gärtner bist? Natürlich ist auch die Arbeit mit den geistig Behinderten ganz wichtig. Vor einigen Tagen haben wir eine Anfrage aus Artern bekommen. Dort suchen sie ganz dringend einen Diakon für Kinder- und Jugendarbeit. Wir könnten uns vorstellen, dass das dein Platz ist, auch wenn du dich hier sehr wohl fühlst." Vor seiner Rückfahrt nach Berlin beten wir noch gemeinsam um eine gute Entscheidung. Wo liegt eigentlich Artern? Im Atlas finden wir eine mittelgroße Stadt mit diesem Namen südlich vom Harz, in der „Goldenen Aue", im Kyffhäusergebiet.

Einige Monate später rollt ein Möbeltransporter, erst auf Schlaglöcherwegen, dann über die Autobahn in südliche Richtung. In einer eingebauten Kabine des Hängers sitzen wir mit unseren beiden Kindern. Hinter uns stehen unsere Möbel und dazwischen flattern einige Hühner, die wir nach schnellem Entschluss dann doch mitgenommen ha-

ben. Vor der Abfahrt gibt es einen tränenreichen Abschied von Blütenberg.

Viele, viele Jahre später. Im September 2008 kommen wir mit unserem Polo von der polnischen Ostseeküste zurück. Da kommt uns eine spontane Idee. Lasst uns doch mal nach Blütenberg fahren, es liegt doch dicht an der Autobahn. Und schon ist die Abfahrt da. Wir fahren ein Stück Landstraße und dann in Britz muss die Abzweigung Blütenberg kommen. Da ist sie. Wie hat sich doch alles verändert! Der holprige Weg ist zu einer Asphaltstraße geworden. Eine Reihe neuer Häuser ist entstanden. Das „Waldhaus", in dem wir die ersten Monate unserer Ehe Tür an Tür mit den geistig Behinderten verlebten, ist nicht mehr wieder zu erkennen. Im Gemeinschaftsraum, modern eingerichtet, sitzen alte Männer bei Kaffee und Kuchen. Wir treten ein. Einige springen auf. „Bruder Heiße ist da! Bruder Heiße ist wieder da! Und Frau Heiße auch!" Es gibt ein herzliches Umarmen. Alte Erinnerungen werden ausgetauscht. Einige der „Ehemaligen" sind längst gestorben. Andere leben jetzt in Lobetal. Bald müssen wir uns trennen.

Dienst unterm Bekenntniszeichen (Artern 1962-1971)

Erste Konfrontation mit der Staatsmacht

Nach stundenlanger Fahrt und einer gewaltigen Reifen-
panne sind wir endlich am Ziel. Artern. Erwartungsvoll
flattern unsere Hühner aus ihrem Gefängnis, dem Möbelauto. Ebenso erwartungsvoll betreten wir unsere Wohnung. Ein neuer Abschnitt beginnt. Schaue ich aus dem
Arbeitszimmer, fällt mein Blick auf den Garten. Zwischen
uralten Mauern liegt wie eine Oase in der Wüste ein Stück
Erde. Platz für eine Laube, einen Frühbeetkasten, einen
Baum und einige Beete. Platz für unsere zwei Kinder und
vielleicht auch für mehr. Schaue ich aus dem Kinderzimmerfenster, fällt mein Blick auf die Zentralschule POS (Polytechnische Oberschule). Nur eine schmale Straße trennt
das Haus, in dem wir wohnen, vom Schulkomplex. Auf
dem Schulhof tummeln sich hunderte Jugendliche. Für
sie wollen wir da sein. Weil Gott sie alle liebt. Viele werden es aber noch nicht wissen. Gleich neben der Schule
steht die alte baufällige Kirche. So beginnt mein Dienst
als Gemeindediakon. Mir zur Seite steht als treueste ehrenamtliche Mitarbeiterin meine Frau Evilis. Das ist alle
Jahrzehnte hindurch bis heute so geblieben. Gemeinsam
überlegen und planen wir. Vieles führen wir gemeinsam
durch. Gemeinsam beten wir, loben Gott für alles Gelingen
und trösten uns bei Niederlagen. Arbeit gibt es genügend:
Christenlehre in umliegenden Dörfern, Junge Gemeinde
in verschiedenen Gruppen, Aufbau und Leitung eines Po-
saunenchores, Schaukastenarbeit, Altenkreis, Mithilfe bei
der Restauration der Kirche. Der Schwerpunkt liegt in der

Jugendarbeit. Es geht los! Ein kleiner Jugendkreis existiert schon. Aber welche Freude, als ich am Tag nach dem ersten Jugendabend aus dem Kinderzimmerfenster schaue. Im Schulgebäude, fast greifbar nahe, öffnen sich die Fenster. Es ist Pause. Und da winken mir einige Jungs eifrig zu: Günther, Lothar und Jürgen aus der JG (Junge Gemeinde). Es ist Schulschluss. Alle Schüler drängen sich durch das Tor. Einige überqueren die Straße. Sie wollen mir noch einen Kurzbesuch abstatten und bringen einige Freunde mit. Und so sehen wir uns nicht nur einmal in der Woche, sondern fast jeden Tag.

Auszug aus Stasi-Akte

Die Arbeit baut sich auf. Neue Kreise entstehen. Die beiden Grundlinien sind die Linien des Kreuzes. Die waagerechte Linie zeigt die Weite unserer Arbeit. Alles was Jugendliche brauchen, gehört zu unserer Jugendarbeit: Spaß und Spannung, Abenteuer und Romantik. Und es geht uns um alle! Die senkrechte Linie zeigt die Tiefe unserer Arbeit: Gebet und Bibel, Ruf zur Umkehr, Angebot von Beichte und Vergebung. So ist unser Stil bis heute geblieben. Es geht uns um alle! Schon bald reift ein verwegener Gedanke und wird zur Tat. Eines Tages montieren wir einen großen Schaukasten an unsere Hauswand und gestalten ihn mit Bildern und Texten jugendgemäß. Die Jugendlichen stehen mitunter dicht gedrängt, schauen und lesen.

55

Der Schaukasten, eine der wenigen Möglichkeiten, zu
DDR-Zeiten in die Öffentlichkeit zu wirken. Diese Chance
nutzen wir voll. Bald hängen sechs Schaukästen von uns
an den zentralen Stellen der Stadt. 14tägig werden die
Plakate gewechselt. Aus der Zentrale der JG Thüringen
bekommen wir hervorragende Entwürfe, die von unserer
JG vergrößert und auf Karton gebracht werden. Endlich
kommt der Sommer. Die ersten Bibelrüstzeiten stehen bevor. Wir sind unterwegs. Per Eisenbahn, per Rad. Es gibt
zu wenig Heime für unsere jungen Leute. Wir müssen erfinderisch sein. Oft fahren wir mit den Fahrrädern nach
Neinstedt im Harz. Dort finden wir ein großes Heim der
Inneren Mission (heute Diakonie). Eine wildromantische
Landschaft mit „Roßtrappe", „Hexentanzplatz" und einhundert Hektar Süßkirschen, auf denen wir willkommene
Ernteeinsätze für die LPG (Landwirtschaftliche Produktionsgenossenschaft = verstaatlichte Bauernhöfe) durchführen. Aber vorher sitzen wir in großer Runde, singen
unsere Lieder zur Gitarre, lesen in der Bibel und suchen
gemeinsam nach Antworten auf unsere Lebensfragen. Diese Tage stärken unsere Gemeinschaft untereinander und

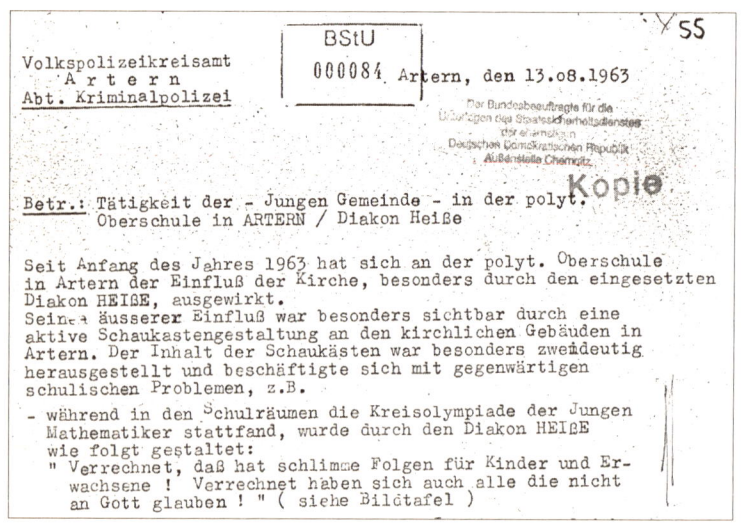

Auszug aus Stasi-Akte

mit Gott. Begeistert fahren die Jugendlichen wieder nach Hause. Die Sonne scheint über Artern. Aber bald kommen dunkle Wolken. Wir werden beobachtet.

Im Dritten Reich gab es nur eine Jugendarbeit, die Hitlerjugend. In der DDR war es ähnlich: Es durfte nur eine Jugendarbeit geben, die FDJ (Freie Deutsche Jugend). Je-

---

Volkspolizeikreisamt Artern   Artern, den 27.8.1964
Sachgebiet - Erlaubniswesen

A k t e n n o t i z

In der vergangenen Woche brachte Diakon HEISSE an einen seiner Schaukasten einen Briefkasten an, mit dem Hinweis, Jugendliche möchten ihre Fragen hineinwerfen, auf die er öffentlich im Kasten Antwort geben wird.

Folgende Fragen wurden gestellt und wie folgt beantwortet :

1. Ich habe Gott noch nicht gesehen, wo ist er ?

    Antwort:

    Wir werden Gott hier nicht sehen, auch kein Kosmonaut wird ihn sehen, Gott ist unsichtbar, er ist überall. Menschen, die an ihn glauben, erleben seine Macht. Es kommt der Tag, wo wir Gott alle sehen. Immer wieder spricht die Bibel davon. Keiner kommt am Tage des Gerichts an Gott vorbei.

2. Wie kann ein moderner Mensch an Gott glauben ?

    Antwort:

    Gott gehört nicht nur zur Vergangenheit, sondern auch zur Gegenwart und Zukunft. Weil wir Realisten sind und Gott der größte Realist ist, glauben wir an ihn. Wir können Gott nicht wissenschaftlich beweisen. Aber Christen rechnen mit den Wirklichkeiten, die von der begrenzten menschlichen Vernunft nicht zu erfassen sind.

3. Wird die Kirche nicht eines Tages ganz verschwinden ?

    Antwort:

    Es stimmt, dass viele Menschen von der Kirche abgefallen sind. Es gehört nicht mehr zum guten Ton, Christ zu sein. Das ist gut so. Durch den Reinigungsprozeß wird eine kleine aber sehr lebendige Gemeinde entstehen. Die Kirche wird alle Weltreiche und Weltanschauungen überleben. Christus selbst führt seine Kirche durch die Jahrtausende.

        Probst
        (Probst)
        Leutnant der VP

der wurde mehr oder weniger genötigt, dabei zu sein. So sah die Freiheit aus. Die ideologische Grundlage dieser politischen Staatsjugend war der „dialektische Materialismus". Schließlich versteht sich diese Jugend als „Kampfreserve der Partei", der SED (Sozialistische Einheitspartei Deutschland). Jugendliche werden genötigt an der Jugendweihe teilzunehmen. Junge Christen singen aber:
„Christ Kyrie, dir weihen wir Jugend und Leben. Christ Kyrie, dir singen wir hell unser Lied!"
Der Konflikt musste kommen, obwohl wir nicht politisch provoziert haben. Es waren zwei Welten, die aufeinander stießen. Jedes gesprochene Vaterunser, in dem es am Schluss im Blick auf Gott heißt „denn dein ist das Reich und die Kraft und die Herrlichkeit in Ewigkeit" musste ja in den Ohren eines Marxisten als Provokation verstanden werden.

Die Zeit der Konflikte beginnt. Schaukastentexte werden falsch interpretiert. Ich muss zur Aussprache ins Rathaus. Die ersten bösartigen Verleumdungen in der Presse über die Junge Gemeinde und meine Person erscheinen. Da ich mich vor Gott verantwortlich weiß für alle Jugendlichen der Stadt, suchen wir nach neuen Möglichkeiten. Eines Tages stehen zwei große Leitern an unserem Haus, einem roten Ziegelbau. In der Höhe der 1. Etage montieren wir ein großes Brett, etwa 4 m lang und 50 cm breit. Auf weißem Hintergrund stehen darauf in zinnoberroter Farbe die Worte: „Jesus Christus lebt!". Der Text leuchtet

Unsere Hausinschrift gegenüber der Schule

in viele Klassenzimmer und ist auch unübersehbar bei den Fahnenappellen der Jungen Pioniere und FDJler. Drei Tage später kommt die dringende Vorladung ins Rathaus. Die Genossen sitzen mir gegenüber. Das Gespräch wird eröffnet: „Herr Heiße, entfernen Sie sofort das Transparent von ihrem Haus!" – „Wieso soll ich es entfernen?" – „Bürger der Stadt haben daran Anstoß genommen." – „Es ist eine Hausinschrift, wie wir sie oft an alten Häusern finden, nur modern gestaltet". – „Wir haben keine Zeit für Diskussionen. In 24 Stunden ist das Transparent entfernt. Verstanden?!" – Vom Rathaus führt mein Weg zum Superintendenten (verantwortlicher Pfarrer für einen Kirchenbezirk). Das ist ein prächtiger Mann, flexibel, trotz seines hohen Alters. Die Situation wird geschildert, der Sachverhalt zur Kirchenleitung nach Magdeburg gegeben. Am nächsten Tag kommt von dort die Antwort: „Transparent möglichst entfernen und durch ein kleineres Bild ersetzen." Wir überlegen gemeinsam und beten: „Gott, es hat so viel Mühe gemacht und ist so wichtig. Gib doch, dass das Brett mit deinem Wort hängen bleiben kann." Die 24 Stunden sind vergangen. Stündlich warten wir auf die Feuerwehr, die das Transparent abmontiert. Aber es geschieht nichts. Nach einigen Monaten kommt ein neuer Text auf unser großes Transparent. Jahrelang kann es hängen bleiben: „Gott sei Dank!"

Und schon kommen die nächsten Sommerbibelrüstzeiten. Mit 30 Jungen wollen wir eine Woche in Wiehe im Kyffhäuserkreis verleben. Mitarbeiter sind genügend da. Die Umgebung in Wiehe ist ideal. Bergig und waldreich. Am dritten Tag kommen zwei unbekannte Männer ins Gelände und stellen sich als Mitarbeiter vom Rat des Kreises (untere territoriale staatliche Verwaltungsebene, vergleichbar mit der heutigen Kreisverwaltung) vor. Sie besichtigen die Räume. Alles in Ordnung. Nein, doch nicht. Im Speiseraum hängt kein Feuerlöscher. Dieser Raum hat eine Betondecke und Betonwände. Es gibt Metallstühle und –tische. Nichts im Raum ist entflammbar. Nichts! Am selben Tag noch ein Gespräch in der Kreisstadt Artern mit führenden Genossen. „Herr Heiße, Sie wissen Bescheid. Sie sind verantwortungslos mit dem Leben der Jugendlichen umgegangen. Im Speiseraum hängt kein Feuerlöscher. Lösen Sie sofort ihre Bibelrüstzeit auf!" Ich entgegne: „Sobald ich wieder in Wiehe bin, setze ich mich dafür ein, dass noch heute der Feuerlöscher im Raum hängt." – „Heute, das ist zu spät. Bereits am Anfang muss der Feuerlöscher hängen. Schicken Sie die Jungs nach Hause!" – „Ich habe Anweisung von meiner Kirchenleitung, keine Rüstzeit aufzulösen." – „Dann lösen wir sie auf!" – „Daran kann ich Sie nicht hindern." – Es gibt eine unruhige Nacht.

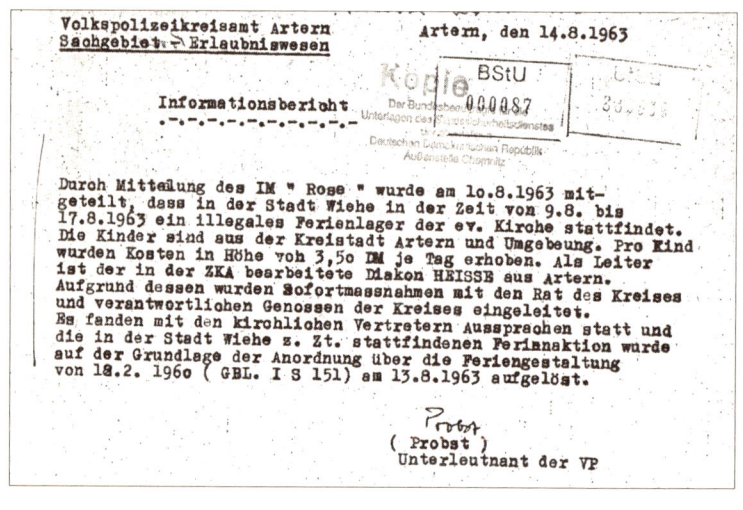

Am nächsten Morgen kurz nach dem Frühstück erscheint die Mannschaft. Zwei Polizisten in Uniform, der Bürgermeister und zwei andere Männer aus Artern. Ich rufe die Jungs zusammen. Mit zitternder Stimme verkündet der Bürgermeister das Urteil: „In drei Stunden haben alle das Gelände zu verlassen." Wenn nicht, werden Konsequenzen angedroht. Die Jungen machen entsetzte Gesichter. Einige ballen ihre Fäuste. „Gott, lass es jetzt nicht zur Eskalation kommen!" Schweigen. Einer von den Jungs ruft in die Stille hinein: „Wir wollen hier bleiben!" – Wir müssen uns beugen. Es hat keinen Zweck. In einer Stunde fährt der Bus. Ganz schnell packen wir unsere Sachen. Wir hatten noch so viel Interessantes geplant. Dann kommt der Bus. Einige der Jungen wissen nicht wo sie bleiben sollen. Die meisten Eltern sind im Urlaub. Für die Erreichbaren biete ich

Volkspolizeikreisamt Artern   Artern, den   25.Juli 1963
Sachgebiet - Erlaubniswesen

Betr.: Zeitungsartikel über Diakon Eberhad H E I S S E
        aus Artern, welcher am 25. Juli 63 in der Freiheit
        veröffentlicht wurde.

Hier kann man nicht schweigen

Als Lehrer und Erzieher möchte ich ebenfalls meine Meinung sagen zu der Art und Weise, wie Diakon Heiße aus Artern in die Bildung und Erziehung unserer Jugend eingreift. Mir gehen seine Publikationen im Schaukasten hart an der Grenze der Provokationen vorüber bzw. überschreiten sie schon. Denn was soll man dazu sagen, wenn er anläßlich der Mathematik-Olympiade in Verbindung mit einer abfälligen Karikatur sinngemäß verkündet: „Wer nicht an Gott glaubt, der sich doch verrechnet" Als Lehrer bemühe ich mich, den mir anvertrauten Schülern ein allseitiges polytechnisches und lebensnahes sowie anwendungsbreites Wissen zu vermitteln, das sie befähigt, bewußt zu denken und selbständig zu handeln. Doch wenn Herrn Heiße nichts besseres einfällt, als die Mathematik-Olympiade zu verunglimpfen, so fällt er damit mir und überhaupt der Schule und dem Staat, in dessen Händen die Erziehung der Kinder liegt, in den Rücken.

Nicht anders ist es mit dem Motto der letzten Zeltfahrt, das „einmal frei sein von Arbeit und Schule" lautete. Nun bin ich ja wirklich dafür, eine Zeltfahrt nicht zum Schulunterricht zu machen. Doch Diakon Heiße schafft bewußt Gegensätze zwischen Schule und Freizeit. Sein Motto kann doch nicht anders aufgefaßt werden, als daß Arbeit und Schule und Erziehung als eine schreckliche Last von Schülern aufgefaßt werden sollen, die sie mit der Mithilfe des Herrn Heiße endlich einmal abwerfen können. Wir erziehen die uns anvertrauten jungen Menschen gerade zur Freude am Lernen und an der schöpferischen Tätigkeit.

Ich frage mich, woher Herr Heiße das Recht nimmt, derart unsere Tätigkeit zu diffamieren. Was bezweckt er? Will er die Schüler uns Lehrern und den Idealen der sozialistischen Gesellschaft entfremden?

Der Eindruck entsteht vor allem auch, wenn man weiß, daß Diakon Heiße sich bemüht hat, den Austritt eines Schülers aus der FDJ zu erwirken. Er hat dem Schüler das Versprechen gegeben, ihm eine Ausbildung als Meteorologe zu vermitteln unter der Bedingung, daß er alle anderweitigen gesellschaftlichen Betätigungen annulliert. Der Schüler solle aber als Vorbedingung erst ein Jahr lang eine kirchliche Ausbildung absolvieren. Mir erscheint das Versprechen, dem Schüler anschließend ein Studium als Meteorologe zu ermöglichen, recht undurchsichtig, denn schließlich liegt diese Ausbildung in den Händen unseres Staates.

Was sind denn das für Praktiken? Meine Ansicht ist, daß hier bewußt der Schritt zur Abwerbung eines Schülers aus dem gesellschaftlichen Leben getan worden ist, und ich meine, daß dieses Verhalten im Widerspruch zu unserem Bildungs- und Erziehungsziel steht bzw. auch der Loyalität zu unserem Staat widerspricht. Jeder Bürger unserer Republik genießt Glaubensfreiheit, die ihm verfassungsmäßig garantiert ist. Bei der Verwirklichung unserer Ziele, der Erhaltung des Weltfriedens und dem umfassenden Aufbau des Sozialismus, sind alle fortschrittlichen Kräfte vereint, da diese Zielsetzung den Lebensbedürfnissen aller Gesellschaftsschichten entspricht.

Wenn Herr Heiße bei sich selbst dieses Lebensbedürfnis nicht verspürt, so hat er noch lange kein Recht, andere davon abzuhalten. Um so verwerflicher, da es sich um junge Menschen handelt, deren Jugend und Unerfahrenheit Herr Heiße zu einem schlechten Zweck auszunutzen versucht. Hier kann man nicht schweigen. Deshalb gebe ich meine Empörung zu diesen Vorfällen zum Ausdruck.

Erich Keßler, Lehrer,
Polytechnische Oberschule Artern

komplette
Lüge.

für den Nachmittag eine Sprechstunde an. Empört kommen sie an und ich habe Mühe die Wogen zu glätten. Am nächsten Tag gestalten wir sämtliche Schaukästen in der Stadt neu und einheitlich. Auf rotem Untergrund leuchten in strahlendem Gelb die Worte: „JESUS BLEIBT SIEGER". Die Schikanen der Genossen haben zweifach Wirkung. Es gibt Eltern, die sich einschüchtern lassen und ihren Kindern den Besuch unserer Kreise verwehren. Andere Kreise schließen sich fester zusammen.

Unsere Familie wird größer. Stephan und Susanne bekommen Geschwister. Erst erblickt Judith (rechts) das Licht dieser Welt. Später kommt Tabea (3.v.r.). Das Arbeitspensum von Evilis wächst. Trotzdem kann sie noch einen Mäd-

chenbibelkreis leiten, fährt mit auf Bibelrüstzeiten, freut sich mit mir über Siege und tröstet mich bei Niederlagen.

Eine neue Krisensituation bahnt sich an. Der alte Superintendent Merker geht in den Ruhestand. Ein Nachfolger kommt. Schon nach ein paar Tagen spüre ich, dass zwischen uns beiden die „Chemie" nicht stimmt. Er ist sehr bestimmend. Auf allen Gebieten. Dass er mir an der Kirchenbaustelle beim Schuttaufladen die Schaufel aus der Hand nimmt und mir zeigen will, wie ich damit umzugehen habe, kann ich ja noch verkraften. Schwieriger sind die theologischen Unterschiede zwischen uns. Seine Meinung: „Wir arbeiten in einer Gemeinde. Da ist es wichtig, dass wir auch dieselbe Arbeitsgrundlage haben. Kommen Sie doch bitte morgen gegen 9.00 Uhr in mein Dienstzimmer." Dort gibt es dann eine etwa zweistündige theologische Belehrung. Eine Woche später wieder. Und so über ein halbes Jahr. Dazwischen Literatur, die ich „unbedingt" lesen sollte. Vieles, was ich höre und lese, ist mir zu hoch, zu kompliziert, zu philosophisch. Immer endet alles im Appell: Mitmenschliches, soziales und politisches Engagement. Ich war und bin bis heute der Meinung, dass die Wahrheit des Evangeliums einfach, klar und durchsichtig ist. Evangelium heißt doch Frohe Nachricht, Befreiung und nicht Appell. Einige meiner Diakonenbrüder, sie sind noch relativ jung und für die Jugendarbeit begabt, steigen um in die Sozialarbeit. „Die Tat ist entscheidend, die Tat, die Tat, die Tat." (Dorothee Sölle). Langsam komme ich ins Wanken. Sitze vor den klugen Büchern und frage mich: „Wie soll ich etwas weitersagen, was ich selbst nicht verstehe? Soll ich überhaupt noch etwas weitersagen? Umsteigen? Das Zusammenleben mit meinem „Chef" wird unerträglich. Ich möchte ihn nicht mehr sehen. Und wieder einmal bin ich „glimmender Docht".

Das Feuer des Glaubens scheint erloschen. Dunkelheit macht sich breit. Und da greift Gott ein! Im Briefkasten liegt eine Einladung. Unterschrift: „Volksmissionskreis Südharz". Es folgt noch eine telefonische Anfrage für dieses Treffen. Der Entschluss festigt sich, dabei zu sein. Neugierig betrete ich den kleinen Gemeindesaal. Man stellt sich vor. Einige Pfarrer und Diakone, ein Kirchenmusiker, ein paar Hausfrauen. Nach einigen Liedern werden die Bibeln aufgeschlagen. Wir halten Stille Zeit über einen Text. Austausch der Gedanken. Gemeinsames Gebet. Danach kann jeder erzählen, was ihn in letzter Zeit froh oder traurig gemacht hat. Ich spüre, wie dadurch die Gemeinschaft wächst. Nun gibt es ein einfaches Mittagessen und einen Spaziergang. Danach sind wir wieder zusammen beim Singen und feiern das Heilige Abendmahl. Der ganze Tag ist von einer großen und tiefen Freude geprägt. Der „glimmende Docht" brennt wieder. Beim nächsten Treffen bin ich wieder dabei. Verschütteter Glauben wird zu Neuem erweckt. Nach langer Zeit suche ich wieder ein persönliches Gespräch, klage einem Bruder meine ganze Not von Artern und meinen starken Wunsch, von dort wegzugehen. Wir beten miteinander. Beim Abschied drückt mir Woldemar Schulz aus Sangerhausen ein Büchlein in die Hand. Verfasser: Willhard Becker. Titel: „Angriff der Liebe". Schon die drei Worte des Buches überwältigen mich. Nicht Flucht ist der Weg. Angriff der Liebe ist der Auftrag. Ich finde zum täglichen Gebet für meinen Superintendenten Bruder Grüneisen. Spürbar ändert sich bald unser Verhältnis. Hass wird abgebaut durch Liebe. Auch Menschen mit sehr unterschiedlichen Meinungen können miteinander leben. Das Gebet ist dabei eine große Hilfe. Wir beide haben unsere theologischen Positionen nicht aufgeben können. Aber es gibt trotzdem ein Miteinander. Angriff der Liebe. Eine Lektion, ganz wichtig für meinen späteren Dienst. Und immer wieder neu zu buchstabieren.

Noch ein paar Jahre bleiben wir in Artern. Dann war unser Weggang keine Flucht, sondern Gottes Ruf. Und mitunter ist es nicht leicht, Gottes Ruf zu erkennen und ihm auch zu folgen. Da Artern an der Grenze zu Thüringen liegt, entstehen im Laufe der Jahre sehr gute Kontakte zur thüringischen evangelischen Jugendarbeit. Eberhard Laue, der Landesjugendwart, ruft eines Tages an: „Eberhard, wir brauchen dich. Komm als Jugendwart nach Apolda." Wir können uns schwer lösen, auch die Wohnungsfrage ist noch ungeklärt. Einige Zeit später das nächste Angebot: „Komm nach Gera." Wir haben ein Ja zum Weggang bekommen. Die Kündigung wird eingereicht. Wir beschäftigen uns schon mit der Stadtgeschichte von Gera. Überraschend kommt da ein Brief von der sächsischen Jugendarbeit aus Dresden: „In Marienberg/Erzgebirge ist eine Bezirksjugendwartstelle frei." Erzgebirge, meine Heimat! Wir haben in Gera noch nicht zugesagt. Schwere Entscheidungen liegen vor uns. Wir beten um Klarheit und sagen Gera zu. Drei Wochen vor dem Umzug kommt ein Eilbrief von dort. Die geplante Wohnung ist überraschend nicht frei geworden. Wir verstehen Gott nicht mehr. Erst später, wie das manchmal so ist. Unsere Wohnung in Artern muss in drei Wochen geräumt sein. Also doch Marienberg?

Dunkle Wolken, offener Himmel (Marienberg 1971-1988)

10 Sack Zement und eine große Hoffnung

Herbst 1971. Für den 15. Oktober ist der Möbeltransport Artern-Marienberg bestellt. Bis dahin soll die Wohnung bezugsfertig sein. Am 2. Oktober fahre ich in Richtung Erzgebirge. Vielleicht sind noch ein paar Kleinigkeiten zu machen. Dann kommt die Stunde der Wahrheit: „Bruder Heiße, es tut uns leid. Die Wohnung ist noch nicht fertig. Keine Arbeitskräfte, kein Material, Sie wissen ja wie die Situation ist. Aber es besteht Hoffnung! Gestern wurde Zement angeliefert." Stolz zeigt man auf 10 Sack Zement im Hausflur. Wir besichtigen das Haus in der Scheffelstrasse 8. Im Erdgeschoss befinden sich zwei Gemeinderäume, eine Miniküche und eine Toilette. Im 1. Stockwerk finden wir zwei kleine leer stehende Räume und eine Küche, das war die Wohnung meines Vorgängers. Nebenan noch eine abgeschlossene Wohnung. „Frau Schaarschmidt" steht an der Eingangstür. „Hier wohnt unsere Mitarbeiterin vom Gemeindebüro", wird mir erklärt, „aber sie wird in die Dachgeschosswohnung ziehen und Sie haben dann die ganze Etage für Ihre Familie. Sie haben schon vier Kinder und brauchen den Platz ja auch." Meinem Wunsch, die Dachgeschosswohnung mal anzusehen, wird nur zögerlich nachgegeben. Wir gehen die letzten Stufen nach oben und stehen im Nichts. „Nichts" deutet an, dass hier mal eine Wohnung entstehen soll. In diesem „Nichts" wird mir ganz schwindlig. Tröstende Worte richten mich wieder auf: „Bruder Heiße, unten liegen 10 Sack Zement, die Bauarbeiten können beginnen". Am nächsten Tag besorge ich mir wieder mal ein paar Gummistiefel in der BHG (Bäuerliche Handelsgenossenschaft) und aus Crottendorf reist Onkel Anton an. Ein Mann im Ruhestand. Wir stellen fest, dass da noch einiges mehr als nur Zement gebraucht wird und gehen dann ans Werk. Zuerst kommt der Ausbau der Dachwohnung dran. Am 13. Oktober folgt die Rückfahrt nach Artern. Dort hat mein Nachfolger schon seine Möbel in unserer Wohnung abgestellt. Am Morgen des 15. Oktober steht ein Teil der Gemeinde am übervoll gepackten Möbelauto. Und während der Motor anspringt, fließen bei uns allen die Tränen. Durch die Tränen hindurch schnell noch ein Blick zum Großtransparent an unserem Haus. Ein Blick zum Schaukasten. Ein Blick zur Schule gegenüber. Wir sehen noch ein paar winkende Tücher und dann geht's wieder mal in Richtung Süden.

Mühsam quält sich der Möbeltransporter von Karl-Marx-Stadt (dem heutigen Chemnitz) aus in die Berge, immer höher. Endlich! Marienberg! Am Ortseingang auf der rechten Seite stehen von einer Mauer umgeben reihenweise eintönige graue Gebäude. Ein Soldat der NVA (Nationale Volksarmee) bewacht mit seiner MPI (Maschinenpistole) den Komplex. Ich wende mich Evilis zu: „Das ist das Panzerregiment Max Roscher. Hier sind 2.000 junge Männer. Auch für sie müssen wir da sein". Evilis nickt, noch nicht ahnend, was da auf sie zukommt als künftige Soldatenmutter. Wir sind wieder mal am Ziel. Der Möbeltransport mit Anhänger hält in der Scheffelstraße. Tatendurstig springen die Transportarbeiter aus dem Fahrzeug: „Jetzt müssen Sie uns sagen, welche Möbel in welche Etage kommen." Große Verwunderung, als ich ihnen sage, dass alle Möbel ins Erdgeschoss in den Gemeindesaal kommen. Dort stapeln sich schon bald Schränke, Tische, eine alte Nähmaschine und ohne Ende Kartons mit Geschirr, Büchern, Wäsche, Spielzeug, Garderobe, Bilder und Schuhe. Bis unter die Decke! Die Möbelmänner strahlen mich nach kurzer Zeit freundlich an: „So schnell haben wir noch nie entladen können!"

Motorgebrumm – und wir sind unter uns. Einzugsgirlanden haben wir nicht entdecken können. Na, die wären ja auch hinderlich gewesen. Aber wir sind froh, dass noch Platz im Gemeinderaum ist für 6 Betten und für unseren großen Tisch mit Stühlen. Die Kinder haben die Bühne entdeckt und führen dort schon ihre Tänze auf und Theater. So ein Theater! Dass wir die Monate so überlebt haben, das ist ein Wunder. Wunder werden von Gott gemacht. Ihm sei rückblickend noch einmal Dank gesagt! Er hat Kraft geschenkt in mancher Schwachheit, Enttäuschung und Resignation.

Die stärkste Belastung hat Evilis zu tragen mit unseren vier Kindern. Für die Kleinste müssen täglich noch Windeln gewaschen werden. Ohne Waschmaschine, alles in der kleinen Küche. Ohne Kühlschrank, aber mit zwei Elektroheizplatten. Aus heutiger Sicht total asozial! Das Ganze ist ein Wettlauf mit der Zeit. Der Winter kommt im Erzgebirge rechtzeitig recht zeitig. Unsere drei Großen, Stephan, Susanne und Judith werden zur Schule gebracht und müssen sich dort einleben. Evilis kocht für 6 Personen das Essen und zwischendurch Windeln. Die kleine Tabea hat im Flur eine halb geöffnete Zementtüte entdeckt und festgestellt, dass man ja auch mit dieser grauen Masse spielen kann. Im Dachgeschoss tobt die Ausbauschlacht. Nun sind doch noch zwei Arbeiter dazugekommen. Es geht vorwärts. Ein neues Wunder geschieht. Eines Abends stehen einige Trabis (DDR-Automarke „Trabant") vor der Haustür. Junge Leute steigen aus und stellen sich vor: „Wir kommen aus Drebach. Eigentlich ist heute unser Jugendgebetskreis. Aber wir lassen ihn ausfallen. Wir wollen Dir helfen. Du bist doch unser neuer Jugendwart?" – „Und ich bin Reinhard Berger", stellt sich lachend einer der jungen Männer vor. „Zeig uns, was wir machen sollen. Ich bin Elektriker." – „Und ich bin Maurer", sagt ein anderer. Es bleibt nicht bei einem einmaligen Einsatz. Immer wieder kommen sie, die Hilfsengel aus Drebach. Nicht vorstellbar, wenn sie nicht gekommen wären.

Mitte November. Die Dachwohnung ist fertig. Frau Schaarschmidt kann nach oben ziehen. Wir helfen mit beim Umzug. Zum ersten Mal betrete ich unsere zukünftige Wohnung. Und was sehe ich da? Sämtliche Stromleitungen, Steckdosen und Schalter liegen über dem Putz und sind in einem miserablen Zustand. Neue Probleme. Inzwischen wird es empfindlich kalt. Zentralheizung gibt es nicht. Ein Kachelofen muss erst noch gebaut werden. Es wird immer kälter. Die Kinder brauchen Handschuhe. Aber in welchem Karton sind sie drin? Das große Suchen beginnt. Und in den Kartonbergen steigen unsere Kinder wie Gämsen herum. Irgendwann an einem Sonntag soll ich feierlich als Bezirksjugendwart in mein Amt eingeführt werden. Dazu wird ein großer Jugendtag einberufen. Zwei Tage vorher haut es mich um. Jeden Tag von 7.00 Uhr bis 22.00 Uhr im Dauerstress. Der Körper streikt. Hohes Fieber stellt sich ein. Der Jugendgottesdienst findet statt. Aber ohne Einführung des Jugendwarts. Sie ist auch nie nachgeholt worden. Wozu auch. Am späten Nachmittag bekomme ich Besuch. Fritz Reschke, unser unvergesslicher Landesjugendwart, spricht und betet mit mir. Ein anderer Jugendwart, entsetzt von der ganzen Situation, meint, dass sei doch alles unverantwortlich und irgendwo sei jetzt wieder eine Jugendwartstelle frei. Aber wir haben doch um den richtigen Weg gebetet. Sollen wir aufgeben noch bevor alles begonnen hat? Gott, schenke uns Gesundheit und Kraft zum Durchhalten! Neue Überraschungen im 1. Stock. Gerade bin ich dabei, mit Hammer und Meißel ein Loch für eine Steckdose in die Wand zu schlagen, stürzen plötzlich einige Quadratmeter Mauerwerk zusammen. Lehmbauweise. Durch die Entfernung einer tragenden Mauer bei der Erweiterung des Gemeindesaals scheint sich alles ein bisschen gesenkt zu haben. Die ganze Mauer muss abgetragen werden. Vierkanthölzer, Sauerkrautplatten, Putz. Auf ein Neues!

Der 23. Dezember ist unser Umzugstermin vom Gemeindesaal eine Etage höher. Auch der Kachelofen ist noch fertig geworden. Ums Haus toben die Schneestürme. Wir haben es geschafft. GOTT SEI DANK! Unter einer Fichte, die ich schnell noch aus dem Wald geholt habe, singen wir zum ersten Mal mit den Kindern unsere Weihnachtslieder im Erzgebirge. „Welt ging verloren. Christ ward geboren. Freue dich, o Christenheit!"

Volle Netze. Offener Himmel.

Insider werden verstehen. Volle Netze – das lenkt die Gedanken auf die Berufungsgeschichte des Fischers Petrus. Der Auftrag von Jesus lautet: Du sollst Menschenfischer sein. Mit „offener Himmel" ist kein wolkenloser Himmel gemeint, sondern die spürbare Nähe und das Wirken Gottes. Ich muss diese Sätze an den Anfang der siebzehn Marienberger Jahre setzen. Ein Holzschnitt von Herbert Seidel macht die Situation deutlich.

Gott braucht uns mit allem Einsatz. Aber er steht hinter uns allen. Und ohne IHN gibt es keine vollen Netze. So ist in meinen Augen alles, was in den 70er und 80er Jahren aber auch vorher und danach in Marienberg geschehen ist, durch Gottes Wirken entstanden. ER hat den Himmel aufgerissen und die Netze gefüllt.

„Fischzug"
Holzschnitt von Herbert Seidel

Die Wohnung ist fertig. Der Dienst beginnt. Eine Karte mit dem Gebiet meines Kirchenbezirks habe ich mir besorgt. 24 Gemeinden gehören dazu. Zwei größere Städte (Marienberg und Olbernhau) und dann kleinere und größere Ortschaften. Kurort Seiffen, Satzung, Wolkenstein, Drebach, Forchheim – das ist so die äußere Umgrenzung. Und für alle Jugendlichen, die in diesem Bezirk wohnen, bin ich verantwortlich, ob sie nun Christen sind oder nicht. Welch eine Aufgabe! Vor meiner ersten Fahrt finde ich in einem Regal meines Arbeitszimmers einige Unterlagen meiner Vorgänger. Ein kleines Büchlein ist noch von Johannes Schäfer, dem Jugendwartpionier der ersten Stunde. Sein Dienst begann 1947. Interessiert blättere ich. Johannes muss ein sehr exakter Mann gewesen sein und erfüllt mit großer Leidenschaft, jungen Menschen die Gute Nachricht von Gott zu sagen. Jeden Dienst im Kirchenbezirk hat er notiert: welche Lieder gesungen wurden, welcher Bibeltext die Grundlage für den Abend war und wie hoch die Kollekte. Was fällt mir auf? Johannes war fast jeden Abend unterwegs. In den ersten Jahren per Fahrrad, auch im Winter. Mitunter musste er in den Pfarrhäusern übernachten, weil die Rückfahrt unmöglich war. Ein Eintrag trifft mich: „24. Februar 1948. Junge Gemeinde in Satzung. Fahrt musste auf halber Strecke wegen zu starkem Schneesturm und Verwehungen abgebrochen werden". Johannes, ich danke dir für deine Eintragungen, für deinen Dienst. Du hast ausgesät, was später geerntet werden konnte.

Mein Reisedienst beginnt. Die Termine liegen fest. Oft findet vor dem Abend der Jungen Gemeinde noch eine Jungscharstunde statt. Nach dem Abend noch eine Besprechung mit Mitarbeitern. Die Jugendkreise sind sehr unterschiedlich in der Größe. Kann ich in Drebach mit 70 Jugendlichen den Abend gestalten, so sitze ich am nächsten mit acht bis zehn jungen Leuten im Gemeinderaum der Kirchgemeinde Mauersberg. Beim ersten Mitarbeitertreff füllt sich der Kalender bis in den Sommer hinein. Wie sieht so ein Abend aus? Es wird viel gesungen. Neue Jugendlieder zur Gitarre. Kein Abend ohne intensive Bibelbetrachtung. Gespräche, Gebet, Information und manchmal auch ein paar Spiele. Die Zielrichtung der Abende ist bei allen unterschiedlichen Methoden klar: Hinführung zum Glauben, Weiterführung im Glauben. Wir verstehen unsere Arbeit missionarisch, weil wir wissen, dass die meisten Jugendlichen trotz Konfirmation noch keine Beziehung zu Jesus Christus haben. Ziel ist es auch, ehrenamtliche Mitarbeiter für die Jungen Gemeinden zu gewinnen und mit dem notwendigen Rüstzeug auszustatten. So rollt der Trabi jeden Abend von der Marienberger Scheffelstraße aus in die Dörfer und Städte des Oberen Erzgebirges.

Todesfahrt

Als Dienstfahrzeug bekomme ich einen Trabant-Kombi. Auch später, bis 1992, bin ich Trabi gefahren. Bei 130.000 km waren dann meistens – trotz Hohlraumkonservierung – die Bodenbleche durchgerostet. Ein Trabi sah aus wie der andere. Nur farbliche Unterschiede waren zu entdecken. Mein erster Trabi sah hellgrau aus, der zweite dunkelgrau, der dritte hatte eine undefinierbare bläuliche Färbung.

Foto aus Stasi-Akte

72

Sonst aber waren diese interessanten Fahrzeuge recht unkompliziert.

Nun ist mein erster Jugendabend in Rübenau. Gitarre, Aktentasche, Abfahrt. Über Zöblitz und Ansprung führt die Straße durch ein Waldgebiet und dann liegt tief unten Rübenau. Dicht an der tschechischen Grenze. Nach dem Waldstück geht es kurvenreich steil bergab. Der Trabi beschleunigt. Ich will bremsen. Keine Reaktion. Was soll ich tun? Die Bremse muss doch greifen! Sie tut es aber nicht. Ich komme aus der Spur. Im Slalom geht es zu Tal. Plötzlich kommt mir in der Dämmerung eine Frau entgegen. Sie springt entsetzt zur Seite. Das Auto habe ich nicht mehr in meiner Gewalt. Links und rechts fliegen alte knorrige Ebereschen an mir vorbei. „Kenn schennern Baam gibt's wie enn Vugelbeerbaam"! Links und wieder rechts. Im Tal stößt meine Straße im rechten Winkel auf die durchgehende Straße nach Olbernhau. Doch so weit werde ich nicht kommen. Ich rase in den Tod. Ohne Reaktion liegen meine Hände auf dem Lenkrad. Und jetzt führt mich Gott. Zwischen den alten Ebereschen steht eine junge Birke auf der rechten Straßenseite. Gott lenkt mein Auto über diesen kleinen Baum. ER braucht mich noch. Der Straßengraben ist nicht sehr tief, mehr muldenartig. Ich fahre hinein, das Auto hebt leicht ab und steht dann mitten auf dem Acker. Ich steige aus und höre im Nebel die Stimme der Frau. In guter erzgebirgischer Mundart ruft sie: „Dar is besoffn, dar is besoffn!" Doch ich kann sie beruhigen und alles richtigstellen. Schon in wenigen Minuten beginnt der Jugendabend. Etwa 15 Jugendliche haben sich im Pfarrhaus versammelt. Wir singen unsere Lieder, fragen die Bibel und unterhalten uns. Nach diesem ersten Jugendabend bitte ich ein paar von den Jungs, meinen Trabi vom Acker zu schieben. Sie sind ein wenig verwundert, dass das Fahrzeug nicht auf dem Parkplatz vor dem Haus steht. Dann packen sie kräftig zu. Einer der Jungs hat Ahnung und stellt fest, dass die Bremsmanschetten kaputt sind. Ich wusste gar nicht, dass es so etwas gibt. Mit dem zweiten Gang fahre ich zurück nach Marienberg. Schon am nächsten Tag ist der Schaden in der KfZ-Werkstatt schnell behoben.

Unvergessliches in der „Rattenburg" und anderswo

Unterwegs mit jungen Leuten. „Rüstzeiten" müssen wir das in der DDR nennen. Woanders sagt man „Freizeiten" dazu. Freizeitgestaltung wie Sport und Spiel ist der Kirche gesetzlich verboten. Nur „kultisch religiöse Handlungen" dürfen wir durchführen. So hat Gott den kommunistischen Staat dazu benutzt, unsere Jugendarbeit immer auf das Zentrum hin auszurichten, auf Jesus Christus. „Rüstzeit" hat nichts mit militärischer Aufrüstung zu tun, sondern mit geistlicher Zurüstung. Unsere Rüstzeiten für unter 18jährige dürfen nicht länger als zehn Tage dauern und müssen polizeilich angemeldet werden. Dazu kommt dann noch zu Beginn der Rüstzeit die persönliche Anmeldung. Alle Daten werden polizeilich registriert. Schließlich will der Staat alles im Griff haben. Versteht sich doch! Wir haben zu wenige Rüstzeitheime. Neue dürfen nicht gebaut werden. Die Kirche darf auch keine Schenkungen annehmen. Das engt unseren Dienst ein. Aber Not macht erfinderisch. Gott zeigt uns neue Möglichkeiten. Da ist beispielsweise die „Rattenburg". Wieso das Haus in Satzung diesen Namen erhalten hat, habe ich nie erfahren. Dort gibt es jedenfalls keine Spur von Ratten! Rechtzeitig besorgen wir uns mit dem Trabi noch einige Kisten Briketts. Am zweiten Ferientag ziehen 25 Jungs in das Höhendorf. Mit Luftmatratzen und Skiern. Alles ist tief verschneit. Meterhoch liegt die weiße Pracht. Zum Schlafen müssen wir uns aufteilen. Einige übernachten im Pfarrhaus, einige in Privathäusern. Aber alle wollen in die Rattenburg, doch das geht nicht. Wunderbare Tage beginnen. Am Vormittag treffen sich alle im Gemeindesaal des Pfarrhauses. Stille Zeit mit einem Bibeltext, Austausch der Gedanken und Gebet. Das machen wir in Fünfergruppen. Dann erst gibt's ein gemeinsames Frühstück. Kurze Pause. Danach die ausführliche Bibelarbeit. Täglich. Wir spüren, wie aktuell die Bibel ist. Die Botschaft geht zu Herzen. Bis zum Mittag ist noch Zeit für eine Schneeballschlacht oder ein Volleyballspiel unter Extrembedingungen. Nach dem Mittagessen zieht dann ein langer Zug der Jungen mit den Skiern auf den Hirtstein. Von dort aus geht es in halsbrecherischer Fahrt ins Tal Richtung Steinbach. Die Sonne lacht und lässt Schneekristalle in wunderbarem Glanz erstrahlen. Das Glück ist perfekt. Nach dem wohlverdienten Abendbrot geht es in die Schlafquartiere. Mit fünfzehn Jungen schlafe ich in der „Rattenburg". Draußen wird es empfindlich kalt. Der Kachelofen wird angeworfen. Und er hält tatsächlich das Feuer aus. Der ganze Fußboden ist ausgelegt mit Luftmatratzen. Müde Jungen träumen in die Nacht. Alles scheint zu schlafen. Jetzt kann auch ich zur Ruhe kommen. Nach einiger Zeit werde ich doch wieder munter. Drei Jungen flüstern noch miteinander. „Weißt du was", sagt der eine, „jetzt verbrenne ich meine Zigaretten". – „Bist du verrückt!" meint ein anderer. „Doch, mir ist das heute klar geworden. Bevor es zur Sucht wird, muss ich aufhören!" Und während einige der Jungen schon leichte Schnarchtöne von sich geben, öffnet er die eiserne Ofentür. Gespenstisch wird der Raum von den zuckenden Flammen erhellt. Mit halb geöffneten Augen stelle ich mich schlafend und sehe, wie die drei Jungen Schachteln mit Zigaretten ins Feuer werfen. „Zum ersten Mal brennen sie richtig" flüstert einer. In Frieden schlafe ich ein. Ein guter Anfang!

Als erster muss ich am nächsten Morgen aufstehen. Die kleinen Fenster sind dick gefroren. Leise bewege ich mich aus dem Zimmer hin zu den „Sanitäranlagen". In einem kleinen angebauten Schuppen steht ein großer Steintrog. Aus uralten Holzröhren fließt seit Jahrhunderten das klare Gebirgswasser in den Trog. Mit einem Beil zertrümmere ich die dicke Eisschicht. Mit einem kleinen Lied, einem lustigen Vers und einem Kikerikischrei, der wohl auch Tote zum Leben erwecken könnte, werden die Jungen wach. Sie dürfen sich im Steintrog waschen. Ein neuer Tag beginnt. Herrliche Sonnenstrahlen verzaubern den tief verschneiten Ort Satzung. Bald sitzen alle mit ihren Bibeln in Gruppen und finden Gemeinschaft. Untereinander und mit Gott.

Am Abend gibt es dann einen besonderen Höhepunkt. Wir haben eine tolle Entdeckung gemacht. Frau Hein, die Besitzerin des einzigen Privatzirkus der DDR, hat im verlassenen Satzung ein kleines Häuschen. Dort verlebt sie den Winter mit verschiedenen Artisten. Wir sind eingeladen. Erwartungsvoll stehen wir alle am Abend vor ihrer Tür. Wir werden herzlich empfangen. Weil es nur einige wenige Stühle gibt, sitzen alle dicht gedrängt auf dem Teppich. Tee wird gereicht und dann betritt eine traumhaft schöne Schlangentänzerin den Raum. Eindrucksvoller aber ist die weißhaarige Zirkusdirektorin. Bei Gebäck und Tee erzählt Frau Hein aus ihrem Leben. Eine tiefgläubige Frau. Was hat sie nicht alles mit ihren Tieren und im Zirkuszelt erlebt. Fast atemlos hören die Jungen zu. „Und dann kam der Sturm. Es wurde immer stärker. Die Masten des Zeltes bogen sich. Gleich fliegt es weg. Unser Zelt, unsere Existenz! Ihr Jungs, da haben wir uns hingekniet und gebetet: Gott gib doch, dass das Zelt nicht fortfliegt. Wir brauchen es doch. Und Gott hat unser Gebet erhört. Der Sturm hat sich gelegt." So vergeht die Zeit und nach herzlicher Verabschiedung geht es durch die klirrende Kälte zu den Luftmatratzen. Bald schon schlafen die Jungs in der wohligen Wärme ein. Einige werden träumen von der schwarzhaarigen Schlangentänzerin. Andere vielleicht von Frau Hein mit ihrem weißen Haar, ihrem tiefen Glauben und ihren Erfahrungen mit Gott.

So vergehen die Tage. Ein besonderer Abend ist dann auch ein Besuch beim ältesten Einwohner des Dorfes. 98 Jahre ist er und was er nicht alles erlebt hat. Und weiter im Programm: Fragestunden, packende Lebensberichte und ein

Bibelrüstzeit in Eisenach

toller bunter Abend. An einem der letzten Nachmittage bieten wir persönliche Gespräche an. Ein Wunder geschieht. Der Himmel öffnet sich. Jungen wollen ein neues Leben beginnen. Ein Leben im Vertrauen auf Jesus Christus. Einige bekennen ihre Schuld und erfahren das erste Mal das große Glück zugesprochener Vergebung. Gott bekehrt sie und sie bekehren sich. Einige kommen zum Gespräch zu Reinhard Berger, andere zu mir. Am letzten Abend brennen im Gemeinderaum viele Kerzen. Segnungsabend. Wer will, kann sich segnen lassen. Vor einem kleinen Tisch mit Kranz und Kerzen liegt ein Kissen. Unsere Jungs knien vor Gott. Wir lassen Zeit zum persönlichen Gebet, zur Stille. Dann legen wir die Hände auf ihren Kopf, sprechen ein Bibelwort und dann „Es segne und behüte dich Gott Vater, Sohn und Heiliger Geist." Zwischendurch greifen wir zur Gitarre und singen zum Lobe unseres Herrn. Seine Nähe ist spürbar. Der ganze Raum ist erfüllt mit großer Freude. Nun der letzte Weg durch die sternenklare Nacht zur Rattenburg. Frühmorgens ein letztes Waschen im eiskalten Wasser des alten Steintrogs. Die Rüstzeittage gehen zu Ende. Wir haben neue Kraft getankt für die nächste Wegstrecke.

Fast alle, die in Satzung dabei waren, melden sich 1972 für eine Sommerrüstzeit an. Altersspezifisch gibt es viele Angebote. Junge Leute wollen die Welt entdecken. Für uns DDR-Bewohner ist diese Welt nicht sehr groß. Nur unsere Gebete und unsere Träume können Mauern und Stacheldraht überwinden. Aber auch hier bei uns finden wir viel Interessantes. Zum ersten Mal bieten wir eine Rüste (Rüstzeit) in Neinstedt an.

Auch dort schlafen wir auf Luftmatratzen, diesmal in einer Turnhalle. Aber auch sonst bietet Neinstedt viel Aufregendes. Der kleine Ort liegt am Nordrand des Harzes in der Nähe von Quedlinburg.

Philipp von Nathusius gründete 1850 die Neinstedter Anstalten mit behindertengerechter Förderung und spezialisierten Werkstätten. Als konservativer Publizist gehörte er zu den einflussreichsten Persönlichkeiten seiner Zeit und

war ein beharrlicher Streiter gegen die historisch-kritische Theologie. Im Dritten Reich wurden 700 behinderte Bewohner der Anstalten Opfer brutaler „Euthanasie". Durch Vermittlung in private Familien und private Arbeitsstellen konnten 200 Behinderte gerettet werden. In der DDR erlebten die Neinstedter Anstalten 1953 eine bedrohliche Krise. Staatliche Behörden übernahmen die Anstalt. Alle Angestellten mußten gehen. Doch bereits nach kurzer Zeit entspannte sich die Lage und die Neinstedter Anstalten wurden der Kirche zurückgegeben.

Für viele von uns ist es die erste Möglichkeit, Begegnungen mit geistig und körperlich behinderten Jugendlichen zu haben und einen Einblick in den aufopferungsvollen Dienst von Schwestern und Diakonen zu bekommen. Dicht bei Neinstedt liegt auch das Städtchen Thale mit dem Bodetal. Atemberaubend und unvergesslich das Baden im Bodekessel an der Teufelsbrücke. Um Neinstedt herum hat man auf über 100 Hektar Süßkirschen angebaut, offensichtlich dabei aber übersehen, dass Kirschen ja auch geerntet werden müssen. Unser Herz blutet, als wir bei einer Wanderung feststellen, dass massenhaft überreife Kirschen von den Bäumen fallen und den Weg in eine Marmeladeallee verwandeln. Noch am selben Tag führe ich ein Gespräch mit dem Vorsitzenden der zuständigen LPG (Landwirtschaftliche Produktionsgenossenschaft). Wir sind bereit zur Erntehilfe. Der Mann ist von dem Vorschlag begeistert. Termin und Treffpunkt werden vereinbart. Am nächsten Nachmittag erwartet uns der LPG-Vorsitzende mit 30 Leitern und einem Riesenstapel Spankörben. Kurze Unfallschutzbelehrung und 30 Jungen klettern in die Kirschbäume. Kirschen in dieser Größe und Qualität habe ich noch nie gesehen. So bleiben die Körbe in den ersten 20 Minuten völlig leer. Dann ist von verschiedenen Bäumen ein lautes Rülpsen zu hören und jetzt erst wandern die reifen Kirschen in die Körbe. Stunden vergehen. Mit Stolz sehen wir auf die gefüllten Körbe. Als wir am Abend das Ergebnis auswerten, ergibt sich ein Gewicht von 20 Zentnern. Vom LPG-Mann, mit dem ich mich inzwischen angefreundet habe, bekommen wir einen Geldbetrag und die Erlaubnis jederzeit die Kirschplantagen zu betreten. Zudem bittet er uns um einen weiteren Ernteeinsatz. Ein gelungener Nachmittag. Als sich einige Jungs am Abend vor dem Schlafengehen in der Turnhalle ausziehen, bekomme ich beim Anblick ihrer blutroten Unterhemden fast einen Schock. Bis sich dann alles aufklärte. Sie konnten nicht genug bekommen und schleppten mangels Gefäße kiloweise Kirschen in ihren Hemden nach Hause. Zwei Tage später setzen wir unser Erntegeld in eine Sonderfahrt zu den Rübelandhöhlen um. Unterwegs besichtigen wir das Diakonissenhaus in Elbingerode mit dem eindrucksvollen Hallenbad unter dem Kirchenraum.

Zwei Nachmittage dienen dem Angebot von persönlichen Gesprächen. Junge Leute kommen teilweise unter Tränen zur Beichte und erfahren Vergebung. „Das Blut Jesu Christi macht dich rein von aller Schuld!".

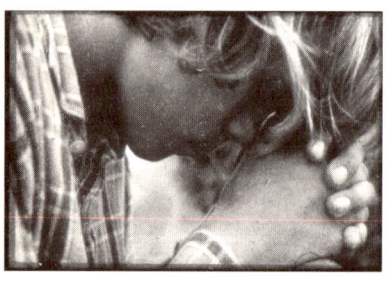

Da Jesus aber nicht nur Schuttabladeplatz sondern auch Herr in unserem Leben sein will, geschieht in Neinstedt und an vielen anderen Orten das Wunder aller Wunder. „Jesus komm in mein Herz. Dein Eigentum will ich sein. Ich will ganz für dich und deine Gemeinde da sein. Komm in mein Herz und bleibe in mir. Amen." Am letzten Abend, dem Segnungsabend, verdichtet sich alles zu einer großen Freude. Der Himmel ist offen! Die Netze sind gefüllt! Neinstedt ist für viele zum Anfang eines neuen Lebens geworden.

Tausende junge Leute und mehr…

Nach dem ersten Sommer mit einigen Bibelrüstzeiten entsteht der Wunsch, sich nicht nur einmal im größeren Stil zum Jugendtag zu treffen. Die Idee der „Offenen Abende" wird geboren. Ganz bescheiden fangen wir an. Im Kirchsaal der großen St. Marienkirche im erzgebirgischen Marienberg. Ich erinnere mich noch genau an unsere Überlegungen, ob wir die Stühle im Kreis aufstellen sollen. Unsere Erwartungen werden übertroffen. Die Idee wird Wirklichkeit. Jugendliche aus verschiedenen Gemeinden kommen und bringen ihre Freunde mit. Die Zahlen wachsen. Der Raum wird gesprengt. Wir ziehen um in die Methodistenkirche. Ein Jahr später wird dort die Enge unerträglich. Es gibt Gespräche mit dem Pfarrer der katholischen Gemeinde. Hurra! Wir dürfen seine Kirche nutzen. Einige Monate später wird auch dieser Raum zu klein. Die jungen Leute sitzen überall, auf dem Altarplatz und wo sonst noch Platz zu finden ist. Der katholische Bruder ist ein lieber Kerl, aber das ist ihm nun doch zu viel. Er bittet um ein brüderliches Gespräch. Was nun? Vier Wochen später strömen die Jugendlichen in die große St. Marienkirche. Was ich befürchte tritt ein. 400 Jugendliche verlieren sich in diesem riesigen Haus. Noch dazu werden sie von zwei gewaltigen Säulenreihen getrennt. Es gibt keine Atmosphäre. Die Akustik ist zum Weglaufen. Der Altarplatz nur zwei Stufen höher. Die Band ist nicht zu sehen und kaum zu hören. Der überbreite Mittelgang reißt noch einmal mehr auseinander. Es ist katastrophal. Werden die jungen Leute wiederkommen? Sie kommen und bringen noch mehr Freunde mit. Von Monat zu Monat wachsen die Zahlen. Bei der Zahl 800 ist die Situation gerettet. Plötzlich ist Atmosphäre da. Und sie wird noch besser, als die Zahl der Jugendlichen auf 1.000 und mehr klettert.
Nun müssen schon die Gänge mit Stühlen belegt werden, die Emporen werden bevölkert. Sieg! Wir finden einen uns gut gesonnenen Schmied. Er fertigt die Unterteile einer ge-

waltigen Bühne für den Altarplatz. Das Sägewerk Schreiber aus Pockau liefert passende Holzbohlen. Die Kirche wird gut beschallt. An 9 Monaten im Jahr werden die Abende jeweils an einem Sonnabend immer zur selben Zeit 18.30 Uhr durchgeführt. Wie sieht das Programm aus? Was

Offener Abend in St. Marien

den Redner angeht, da sind wir sehr wählerisch. Wir wollen auch theologisch unseren Grundsätzen treu bleiben. Natürlich ist an jedem der Abende eine Band dabei. Ein Rahmenprogramm entsteht. Jugendkreise zeichnen sich verantwortlich für ein Imbissangebot. Es gibt Gesprächsmöglichkeiten, einen Büchertisch und ein Abschlussgebet mit vielen Kerzen am Altar. Wir fragen uns: „Warum kommen die Jugendlichen? Teilweise von entfernt gelegenen Dörfern und das auch bei ungünstigen Wetterverhältnissen." Wir finden Antworten. Sie suchen Gemeinschaft mit anderen Christen. In den atheistischen Schulen sind sie oft isoliert. Sie suchen Antworten auf ihre Fragen und sie suchen Gemeinschaft mit dem einen Herrn der Welt.
Ungebrochen geht die Arbeit der „Offenen Abende" weiter über die gesamten 17 Jahre meines Dienstes. Etwa 140 Mal

haben wir uns getroffen und gestärkt. Auch nach unserem Weggang konnten die Offenen Abende unter der Leitung meines Nachfolgers Gunter Arnold weitergeführt werden.

Die Straßen der Stadt Marienberg füllen sich an diesen Abenden mit Mopeds, Motorrädern und Autos. Aber nicht alle in der Stadt sind darüber so begeistert wie wir. Dunkle Wolken scheinen aufzuziehen. Verwunderlich, dass von den Pfarrern des Kirchenkreises ganz selten einer bei solch einer Großveranstaltung dabei ist, obwohl ich mit allen ein gutes Verhältnis habe. Doch ganz regelmäßig ist Pfarrer Leonhardt aus Marienberg dabei. Er muss das ja auch, weil er als aktiver Mitarbeiter der „Stasi" (Staatssicherheit) auftragsgemäß seine Beobachtungsberichte abgeben will. Aber zum Thema „Stasi" später mehr.

An einem der Offenen Abende ist etwas Schreckliches passiert. Ich stehe am Ausgang, unterhalte mich und schaue ab und zu zur Bühne. Und da ist es auch schon geschehen. Während die Massen aus der Kirche strömen, wird die riesige Leinwand abgebaut. Das hohe Holzgerüst, über das die Leinwand gespannt ist, gerät den Mitarbeitern außer Kontrolle. Langsam neigt es sich in Richtung Altarbild. Das wertvolle Bild mit der Darstellung der Weihnachtsgeschichte ist in Gefahr. Und tatsächlich! Ein Metallstift vom Gerüst zerschlitzt das kostbare Gemälde. Ein Engel erfährt eine schmerzhafte Seitenwunde. Die Fetzen hängen nur so herunter. Alle sind erstarrt. Der Kirchner, ein tüchtiger und frommer Mann, bricht das Schweigen: „Ich habe es immer gesagt, in die Kirche gehört keine Leinwand. Jetzt hat Gott gesprochen! Ich hole den Superintendenten." Wenige Minuten später ist er da. „Was ist passiert?" Alle blicken zum großen Altarbild. Er auch. Seine Reaktion: „Bruder Heiße, das kann doch jedem mal passieren. Bauen Sie weiter die Bühne ab. Morgen ist Gottesdienst und da muss alles in Ordnung sein. Gute Nacht und schlafen Sie gut". Das ist unser alter „Sup. Baltzer". Eine Perle besonderer Art.

Als der KMD (Kirchenmusikdirektor) verlauten lässt, dass er seinen Posten zur Verfügung stellt, wenn jemals wieder eine Band in der St. Marienkirche spielt, gibt es ein Gespräch zu Dritt. Der KMD, der Sup. und ich. In schon zwei Minuten ist das „Gespräch" beendet. „Bruder Heiße, Bandmusik ist mir auch im Allgemeinen zu laut, aber die jungen Leute wollen das so." Und dann zum KMD gewandt sagt unser Sup. „Übrigens, wer in St. Marien musiziert, entscheide ich. Ich bin hier der Superintendent!" – „Bruder Heiße, die Band kann spielen. Ich wünsche noch einen schönen Tag!"

Eines Tages bekomme ich eine Vorladung zu einem Gespräch im Rat des Kreises, Abteilung Inneres. Wir haben Anweisung vom LKA (Landeskirchenamt), in solchen Situationen nie ein Gespräch mit staatlichen Stellen allein zu führen. Bruder Baltzer ist sofort bereit mitzukommen.
Wir werden freundlich empfangen und betreten den Raum. Auf zwei Tischen entdecke ich zu meiner Überraschung Bekanntes. Einladungen, Programme, Rüstzeitbriefe, Arbeitsmaterial für Mitarbeiter. Alles im Ormig-Verfahren hergestellt, innen mit der Bezeichnung: „Nur für innerkirchlichen Dienstgebrauch." Das Gespräch wird eröffnet. „Herr Heiße, Sie sehen hier einiges vervielfältigte Material, das Sie herausgegeben haben. Das war nicht statthaft, ist ungesetzlich. Sie haben sich strafbar gemacht." Ich entgegne: „Es interessiert mich, woher Sie das Material haben. Es ist doch für den innerkirchlichen Gebrauch bestimmt." – „Herr Heiße, das ist jetzt nicht Thema. Sie haben sich strafbar gemacht. Für jedes Stück Papier, was Sie vervielfältigen, muss rechtzeitig eine Druckerlaubnis beantragt werden. Haben Sie verstanden?"
Ich spüre, wie Bruder Baltzer zum Angriff übergeht. Jetzt bricht es los. „Unverschämt, was wir hier in diesem Staat erleben müssen. Alles muss erst genehmigt werden. Wissen Sie was? Ich fühle mich hier wie im Dritten Reich unter Hitler." – „Herr Superintendent, wir werden diese Bemer-

kung zum Rat des Bezirkes nach Karl-Marx-Stadt melden!"
– „Tun Sie das! Tun Sie das! Noch heute informiere ich das
Landeskirchenamt in Dresden. Bruder Heiße kommen Sie
mit, wir gehen! Unmöglich, was sich hier abspielt!" So stehen wir Schulter an Schulter. Und das ist ein gutes Gefühl.
In diesen Jahrzehnten nicht immer selbstverständlich bei
Mitarbeitern. Eine Zeit später wird Superintendent Baltzer
zu einem Gespräch ins Rathaus eingeladen. Ihm wird ein
Stuhl angeboten, krachend bricht dieser zusammen. Baltzer erhebt sich aus den Trümmern, erhebt seinen Zeigefinger und sagt zu dem erschrockenen Gesprächsteilnehmer:
„Na, na! War das ein Attentat?" Und zum Schluss des Gesprächs: „Etwas wollte ich ihnen noch sehr dringend sagen: Den Stuhl sollten Sie mal zum Tischler bringen."

Der rote Franz

Von Jahr zu Jahr steigen die Zahlen der Bibelrüstzeiten. Ir-
gendjemand prägt den Slogan: „Reise mit Heiße". Dabei ist
das Reisen gar nicht so einfach. Die Busunternehmen sind
fast zu 100% in staatlicher Hand und haben strenge Anweisungen, für die Kirche keine Sonderfahrten durchzuführen.
Also fahren wir mit der Eisenbahn. Fährt eine FDJ-Gruppe
mit 5 Personen bekommt sie 75% Ermäßigung. Wenn wir
als Junge Gemeinde fahren, müssen 25 Personen zusam-
menkommen und wir bekommen 25% Ermäßigung. Trotzdem fahren wir. Autos besitzen die Jugendlichen kaum,
aber Motorradbibelrüstzeiten bieten wir an. Wir haben
für uns neue Rüstzeitheime entdeckt. Um eine Belegung
auf Schloß Mansfeld zu bekommen, müssen wir uns vier
Jahre vorher anmelden. Es gibt diakonische Rüstzeiten in
Lobetal, nördlich von Berlin. Wir sind in Hartha, Wermsdorf, Saalburg, Stecklenberg, Rathewalde, Neu Schadow,
Hettstedt, Gernrode, Großbreitenbach und an vielen anderen Orten. Die Heime sind sehr unterschiedlicher Qualität. Schon im Oktober erscheinen die Rüstzeitangebote für

den nächsten Sommer. In diesem Monat finden fast immer die Rüstzeittreffen des vergangenen Sommers statt. Und da heißt es dann immer: Schnell anmelden, bevor die heiß begehrten Plätze ausgebucht sind. Die Anmeldezettel sind ergreifend einfach. Preise werden grundsätzlich nicht angegeben, weil wir sie noch nicht wissen. Das interessiert auch niemand. Irgendwie wird das schon bezahlt. Dabei sein ist alles!

Mein lieber Bruder und Meisterfotograf Herrmann Hahn aus Olbernhau liefert uns jährlich die Deckblätter für unsere Rüstzeiten mit einem phantastischen Bild. Ein ganzes Angebotsheft drucken zu lassen, davon können wir nur träumen. (Wie so manches andere, haben sich auch die Anmeldeformulare nach dem politischen Umbruch sehr verändert.)

Vielleicht ist Kapellendorf noch einen kurzen Bericht wert. Ein kleiner Ort in Thüringen zwischen Apolda, Jena und Weimar. Keine Berge, die nächste Badegelegenheit in zwei Stunden Fußweg zu erreichen, einfache Unterkunft. Wir reisen Sonnabend an. Am Sonntag früh sind wir alle im Gottesdienst. Die stark politisch motivierte Predigt hält der Ortsgeistliche und zugleich Heimleiter Pfarrer Franz. Immer wieder muss ich den Kopf schütteln. Spontan nach dem Gottesdienst kommt Bruder Franz auf mich zu. „Herr Heiße, ich habe den Eindruck, Sie sind mit meiner Predigt nicht einverstanden gewesen?" – „Überhaupt nicht!" – „Dann lade ich Sie und Ihre Gruppe zu einem Predigtnachgespräch heute Abend ein." Wir sagen zu. Erwartungsvoll drängen sich die Jugendlichen im Jugendkeller auf die Bänke. Da öffnet sich die Tür. Drei Männer treten ein und werden vom Pfarrer mit einem freudigen Gruß „und das sind meine Freunde aus Weimar" empfangen. Das Gespräch wird leidenschaftlich und eskaliert dann fast, als auf Anfrage Pfarrer Franz mitteilt, dass es in seinem Bezirk keine Bausoldaten (Wehrersatzdienstleistende) gibt, weil doch alle von der Wichtigkeit überzeugt sind, die sozialistische Heimat mit der Waffe in der Hand zu verteidigen! Beim Hinausgehen flüstert mir einer unserer Jugendlichen zu: „Eberhard, der ist ja total Rot!" Wir erleben dann trotzdem schöne und gesegnete Tage. Mühevoll wird ein neuer Volleyplatz angelegt, sicher auch zur Freude der Gruppen, die nach uns kommen. Die Abschiedsstunde schlägt. Es ist unsere gute Angewohnheit, bei der Verabschiedung für den Heimleiter ein Lied zu singen und ein Geschenk zu überreichen. Das tun wir auch hier. Aber ungewöhnlich ist, dass ein Rüstzeitteilnehmer kurz vor dem Abschied über die Großpackung „Delitzscher Pralinen" eine riesige Schleife aus knallrotem Seidenband bindet.

1990 bekomme ich die dringende Bitte vom Landeskirchenamt Eisenach als Zeuge an der Gerichtsverhandlung in der „Sache Pfarrer Franz" teilzunehmen. Dann stehe ich ihm gegenüber. Er erkennt mich sofort. Bei der Verhandlung – trotz erdrückender Beweise – keine Spur von Reue. Lieber roter Bruder Franz. Was wird aus dir geworden sein? Man soll ja die Hoffnung nie aufgeben, obwohl die Stasiakten von Kapellendorf, die ich später in den Händen halte, mich schon sehr nachdenklich machen. –

Unterwegs in schwankenden Booten…

In der Sauna des Schwimmbades in Marienberg öffnen sich nicht nur die Poren sondern auch die Herzen. Beliebtes Arbeitsgebiet der Stasi. Einen Kirchenältesten treffe ich dort immer wieder. Wir freunden uns an. Von ihm bekomme ich einen wertvollen Tipp: Unterwegs mit Paddelbooten. Er verrät mir sogar die Anschrift der Verleihstelle der FDJ in Berlin-Grünau. Wir kommen in Verhandlungen. Ein Weihnachtsgruß mit einem der überall begehrten erzgebirgischen Räuchermännchen bewirkt im Januar die Zusage. Für 14 Tage dürfen wir 9 Paddelboote ausleihen, obwohl wir keine FDJ-Gruppe sind. Wie schön! Für so eine Unternehmung kommen nur Jugendliche ab 18 in Frage. Wir besorgen uns einen Wasserwanderatlas und legen die Strecke fest. Berlin – über viele Seen – dann Dahme aufwärts – Märkisch Buchholz – Köthener See (schon am Spreewald) – Neundorfer See – Schwielochsee – und dann im großen Bogen zurück nach Berlin. Das sind über 200 km. Das Abenteuer beginnt. 18 Menschen aus dem Erzgebirge freuen sich auf das Wasser. Die blauen Pouch-Faltboote werden beladen. Am Ufer staut sich das Gepäck. Zelte, Luftmatratzen, Lebensmittel, Trinkwassergefäße, Bibeln, Liederbücher, Benzinkocher und vieles mehr. Unsere Boote liegen tief im Wasser. Die erste Paddelbootbibelrüstzeit beginnt. Völlig naiv fahren wir los. Ohne Spritzverdecks! Ein, zwei Tage dauert es, bis wir unsere Boote völlig im Griff haben. Täglich geht es 20 km vorwärts. Zwei Ruhetage. So sieht unsere Planung aus. Für jeweils eine Nacht können Wasserwanderer wild zelten. Die zweite Nacht wollen wir in Prieros verbringen. Es wird schon dämmrig. Wir finden eine gute Anlegestelle. Die Nacht bricht herein. Wir singen unsere Lieder. Kerzen werden entzündet. Am Ufer liegen unsere Boote. Nach der Abendandacht begibt sich jeder in sein Zelt und bald ist Ruhe. Der Tag war schön, aber auch anstrengend. Früh am Morgen werde ich geweckt. Motorengeräusch. Ich öffne mein Zelt. Oben am Waldrand fahren 5 Panzer. Jetzt stoppen sie. Ein Offizier der NVA kommt über die Wiese geeilt. Beginnt zu schreien. Ich gehe ihm entgegen und bitte ihn dringend, nicht so zu schreien, weil die Jugendlichen noch schlafen. Sie brauchen den Schlaf. Aufgeregt wird mir deutlich gemacht, dass wir unsere Zelte auf Armeegelände aufgeschlagen haben. Das sei ungeheuerlich und ziehe Konsequenzen nach sich. „Ich muss das meiner vorgesetzten Dienststelle melden. Machen Sie sich auf etwas gefasst!" Die Panzer rollen weiter. Die Jungs schlafen weiter. Sie wissen sich gut beschützt. Mit einem Morgenlied werden sie später geweckt. In aller Ruhe wird das Frühstück zubereitet und bald sitzen wir wieder in großer Runde. Nach einer ausführlichen Morgenandacht geht es ans Packen der Boote. Schön ist das Zigeunerleben! In die Boote! Auf einer einsamen Insel gibt es Ruhetage mit intensiver Bibelarbeit. Persönliche seelsorgerliche Gespräche geschehen auf dem Wasser. Jeden Tag sitze ich in zwei verschiedenen Booten. So kann ich mich während der Rüstzeit mit jedem unterhalten und beten. Zum Gottesdienst werden auf einem See die 9 Boote sternförmig zusammengepaddelt. Es ist ein windstiller Tag. Auf dem „Flaggschiff" steht ein Holzkreuz.

Auf anderen Booten Kerzen. Wir feiern Gottesdienst. Ungewöhnlich. Unvergesslich! 14 bewegende und sonnige Tage liegen hinter uns. Kein Tropfen Regen. Unsere Boote waren ja ohne Spritzverdeck. Wir sind wieder in Berlin-Grünau. Unser Herz ist gefüllt mit Dank zu Gott.

Im Herbst gibt es Gespräche mit dem Jugendwart Christoph Wolf vom Kirchenbezirk Annaberg und mit Manfred Keller aus Aue. Es geht um die Anschaffung von Booten. Mein begeisterter Bericht überzeugt. Im nächsten Jahr kaufen wir 9 blaue Faltboote und nutzen sie anteilig. Auf dem Gelände der „Werlseehütte", eines unserer Rüstzeitheime,

Unser „Flaggschiff" auf Fahrt

89

dürfen wir sie lagern. Für die Boote kommen jetzt, nachdem wir sie mühsam zusammengebaut haben, anstrengende Jahre. Zehn Rüstzeitwochen im Jahr liegen sie im Wasser und werden strapaziert. Die Rüstzeitgruppen lösen sich im Eilzugtempo ab. Mal aus Aue, mal aus Annaberg, mal aus Marienberg. Unsere „Christliche Seefahrt" begeistert alle, die das Abenteuer lieben. Nach 8jähriger Nutzung brechen Spanten der Boote, die Leinwand ist abgenutzt und wasserdurchlässig. Am Werlsee liegt die Bootswerft VEB Favorit. In diesem volkseigenen Betrieb werden „Plasteboote" („Plastik" heißt das wohl heute) hergestellt. Meine Kaufanfrage wird mit Lächeln und Kopfschütteln beantwortet. „Wir können nur nach Norwegen und Dänemark liefern. Sie wissen schon, das bringt uns Devisen (die harte D-Mark). Ab und zu kommt ein Boot zurück, weil es fehlerhaft ist, meist sind es nur Farbfehler. Diese Boote können wir dann in der DDR verkaufen. Aber da gibt es eine Warteliste mit schon über einhundert Interessenten." Meine Bitte, neun Boote für uns vorzumerken, erfüllt er. Wir schreiben das Jahr 1988. Ein Jahr später schon ist die friedliche Revolution. Da bin ich schon in Annaberg. 1990 frage ich den Chef bei „Favorit", wie weit denn die Warteliste abgearbeitet ist. Lachend führt er mich ins Lager. „Welche Farbe wünschen Sie? Wohin sollen wir die Boote liefern? Neun Boote? Da bekommen Sie selbstverständlich Rabatt!" Noch im selben Jahr liegen neun schmucke Plasteboote im Lagerraum der Werlseehütte. Bis heute durchqueren sie die märkischen Gewässer mit jungen Leuten an Bord.

…und in „sozialistischen Bruderländern"

Die kommunistischen Machthaber haben viel von Weltanschauung gesprochen. Aber keiner, bis auf die Linientreuen (!), durfte sich die Welt anschauen. Auch das führte zur Revolution. Junge Menschen wollen die Welt entdecken. Das war schon immer so und wird so bleiben. Irgendwie hat es sich dann doch herumgesprochen, dass die Welt nicht an den DDR-Grenzen endet. Der „sozialistische Schutzwall" bewahrte uns vor dem bösen Westen. Aber im Osten und Südosten lagen ja noch die „sozialistischen Bruderländer". Die durften wir schon zeitweise besuchen.

Vorsichtig strecken wir unsere Fühler aus. Zuerst in die Slowakei. Dort liegt die Hohe Tatra. Ein herrliches Hochgebirge. Das Einzige, was für uns DDRler erreichbar ist. In Zdiar finden wir eine Privatunterkunft bei einem Förster. Die Verhältnisse sind sehr einfach. Aber die Berge – einfach wunderbar! „Bergbibelrüstzeit". So steht es auf unserem Angebot. Und jeder weiß Bescheid. Klare unerbittliche Altersbegrenzung: „Ab 18". Jeden zweiten Tag eine harte Wanderung bis zu acht Stunden. Jeden zweiten Tag intensive Bibelarbeit, Beten, Singen, Stille Zeit. Hohe Tatra, die Hohe Schule des Gebets. Wenn junge Leute Schwierigkeiten mit dem Gebet haben, dann lade ich sie ein für eine Rüste nach Zdiar. An den Ketten der Steilwand des Prinzensattels lernen sie beten. Manche erzählen mir später: „Eberhard, da habe ich zum ersten Mal gebetet." Es gibt auch Angebote für die ewig Unzufriedenen. Mit denen fahren wir dann nach Rumänien. Fast alle Lebensmittel müssen wir mitnehmen. Die Karpaten sind herrlich, die letzten Paradiese. Aber die Läden sind leer. Sozialistisches Paradies. Dankbar kehren wir zurück. „Ganz so schlecht wie den Rumänen geht es uns gar nicht in der DDR." Wir entdecken die Mala Fatra, Geheimcode: „Bergblick M.F.". Wir entdecken die Niedere Tatra, Geheimcode: „Bergblick N.T.". Wir entdecken die polnische Ostsee, Geheimcode: „Seerüstzeit". Dazu brauchen wir Zelte und wir kaufen sie. Gesegnete herrliche Tage. Unvergessliche Rüstzeiten.

Ein weiteres Angebot für über 18jährige: Polnische Ostseeküste

Das unvergessliche Polen. Am letzten Tag der letzten Rüstzeit ein Segnungsgottesdienst in einer katholischen Kirche. Ein Lagerfeuer, zu dem sich polnische Studenten einfinden. Interessante Gespräche und immer wieder das Wort „Solidarnosc". Ein Volk auf dem Weg in die Freiheit. Danke, ihr Polen, ihr wart mutiger als wir Deutschen. Ihr habt den Anfang gemacht, euch zu befreien aus den Fesseln der Kommunisten. Wir schwimmen mit brennenden Fackeln über die See zu einer Sandbank. Umarmen unsere polnischen Freunde. Verabschieden uns. Nächstes Jahr wieder!?

Einige Großzelte lassen wir beim Förster für unsere nächste Rüstzeit. Aber die gibt es nicht mehr. Polen wird für uns gesperrt und die Sehnsucht nach Freiheit stärker. Wann wird der Tag für die Deutschen kommen? Was machen wir mit unseren Zelten?

Auf der Fahrt mit meiner Frau in die Hohe Tatra halten wir in Potstejn, einem kleinen Städtchen im Adlergebirge bei Hradec Kralowe. Dort wohnen einige Familien der Brüdergemeinde. Wir wollen weiter. „Aber unsere Burg müsst ihr noch ansehen." Ein Blick auf die Uhr. „Na gut". Wir erleben eine großartige wilde Burgruine und sind begeistert. Ein Blick durch die Fichten und ich entdecke einen Fluss und eine Wiese mit Zelten. „Ein Campingplatz?! – Nein, eine Möglichkeit für Gruppen!" – Plötzlich habe ich Zeit. Wir gehen auf die Wiese. Die Orlice. Ein Fluss mit Trinkwasserqualität. Idealer Ort für unsere Rüstzeiten. Wird das möglich sein? Warum nicht? Ein Jahr später stehen 15 bunte Zelte im großen Kreis. Seitlich das große Küchen- und Versammlungszelt. Einige machen sich schon an den Bau der Toilette, andere holen Brennholz. Schon lodern die Flammen. In großen Töpfen werden für 30 Personen Makkaronie gekocht. Dann steigt unser Gesang in den tschechischen Himmel. Wir danken Gott für dieses wunderschöne Stück Erde, für den Frieden den wir hier haben. Oft sind wir auch in den späteren Jahren ganz allein, weit weg von allem Campingplatzbetrieb. Wie viele haben sich hier bekehrt, sind als verwandelte Menschen wieder nach Hause gefahren. Ein Stück flussaufwärts entdecken wir in totaler Wildnis versteckt eine andere Zeltgruppe. Es sind junge tschechische Christen. Es kommt zum Gespräch. Der Leiter war zwei Jahre im Gefängnis wegen illegaler christlicher Jugendarbeit. Kurz nach seiner Entlassung ist er nun schon wieder mit jungen Christen unterwegs. Wir sind beschämt und dankbar für die Freiheiten, die wir trotz allem in der DDR haben. „Ihr Schwestern und Brüder in der Tschechoslowakei, ihr habt ganz anderen Druck und mehr Verfolgung ertragen müssen!" – Viele Jahre sind wir in Potstejn. Unsere Bezeichnung im Angebot: Burgbibelrüstzeit.

Die Rüstzeitarbeit wächst. 8 Wochen Sommerferien gibt es obligatorisch in der DDR. Wir nutzen sie voll für unsere Bibelrüstzeiten, sind immer unterwegs. Und dann noch ein bis zwei Rüstzeiten im September. Mitunter geht es bis an den Rand der Kräfte. Aber die Freude an Gott ist unsere Stärke und wir wissen und spüren, dass viele Menschen für uns beten. Wohin wir auch fahren, wir haben nur ein Ziel: Junge Menschen sollen das Angebot für ein neues Leben mit Christus hören und die Möglichkeit zur Entscheidung nutzen. Junge Menschen sollen echte gute Gemeinschaft erfahren. Viele haben auf Rüstzeiten ihren Partner fürs Leben gefunden. Mein Freund und Bruder Thomas Schneider aus Breitenbrunn seine Maritta zu einer Silvesterrüstzeit in Rothental.
Staunend haben wir auf der Lomnitzspitze, an der tosenden Ostsee, im lieblichen Orlitzetal bei Potstejn, in den Paddelbooten an blühenden Seerosen und wo es auch war, gerufen: Mein Gott! Wie schön ist Deine Welt!

Vor mir liegt das Angebot für Rüstzeiten aus dem Jahr 1988. Ich zähle 25 Sommerrüstzeiten. Darunter 10 Rüsten für über 18jährige. Ich komme rückblickend ins Staunen und Danken. Ich danke Gott, dass er ungezählte Jugendliche zum Glauben gerufen hat. Die meisten Rüsten wurden von Ehrenamtlichen geleitet. Dankbar bin ich für allen Schutz, für alle Bewahrung. Nie musste eine Rüstzeit wegen Krankheit des Leiters ausfallen. Dankbar bin ich meiner Frau, die mich im Sommer selten gesehen und die Festung zu Hause gehalten hat und für unsere fünf Kinder da war. Dankbar bin ich Gott. Er hat den Himmel geöffnet.

Rosi, Peter, Hilfsheiße und andere Mitarbeiter

Immer wieder mal werde ich gefragt, wie der hohe Zeitaufwand in unserer Jugendarbeit bewältigt werden konnte. Natürlich nicht von mir allein! Entscheidend ist über viele Jahre hinweg der Dienst der Jugendwartin Rosemarie Köhler aus Dörnthal. Fast an jedem Abend ist sie mit ihrem Trabi im Kirchenbezirk unterwegs. Sie leitet Jugendkreise, qualifiziert ehrenamtliche Mitarbeiter, leitet viele Rüstzeiten. In ihrer gradlinigen humorvollen Art begeistert sie die jungen Leute. Bei allen Unterschiedlichkeiten sind wir eins im Blick auf die Zielvorstellungen unseres Dienstes. Wir wollen junge Menschen zum Glauben führen und sie dann auf ihrem Weg begleiten.

In Marienberg wohnt der Diakon Peter Popp. Er ist bei der Inneren Mission (heute: Diakonie) angestellt. Auch sein Herz schlägt für junge Menschen und als Single opfert er alle Freizeit in unsere Jugendarbeit. Von Peter kommt die Idee der „Stillen Tage" im Rothenthaler Rüstzeitheim. 25 Jugendliche lassen sich auf dieses Wagnis ein. Am Donnerstag vor Ostern gibt es eine kurze Einführung in die Stille. Stille im Haus bis zur Wanderung am Ostermorgen zum Stößerfelsen. Dazwischen Möglichkeit zum Lesen, Singen und Beten. Andachten, Meditationen, Heiliges Abendmahl und das Angebot für persönliche Gespräche. Beglückt und beschenkt schauen wir zurück. In der Stille zu Gott liegt die Kraft. Jahr für Jahr gibt es nun „Stille Tage". Und dann führt Peter diakonische Rüstzeiten in Lobetal durch, betreut die überall entstandenen Jugendgebetskreise.

Wer aber sind die „Hilfsheißes"? Es sind bewährte Mitarbeiter, die ein Jahr ihres Lebens opfern, um mit ganzer Kraft mitzuarbeiten. Es gibt dafür nur ein kleines Gehalt, von einem Spenderkreis getragen.

Und die „anderen Mitarbeiter"? Ungezählte Mädchen und Jungen, die sich zum Dienst in die unterschiedlichen Bereiche der Jugendarbeit ihrer Orte hinein geben. Sie sind ganz entscheidend bei der Arbeit an der Basis. Ihr Dienst und ihre Opferbereitschaft haben Früchte getragen.

Natürlich bleibt noch genügend Arbeit für mich übrig. So hat der Tag oft 16 Arbeitsstunden, die Woche 7 Arbeitstage. Nicht nur während der Rüstzeiten. Wozu der ganze Einsatz? Um neue Schäfchen für die Kirche zu gewinnen? Bei aller positiver Haltung zur Kirche, die Motivation ist eine andere. Der bekannte Jugendpfarrer Johannes Busch (* 11.3.1905 Elberfeld, †14.4.1956 in Witten) bringt es auf den Punkt:

> *„Entweder findet ein junger Mensch mit Jesus das Leben*
> *oder er geht ohne Jesus zum Teufel.*
> *Einen dritten Weg gibt es nicht."*

Diese Aussage ist biblisch und macht uns leidenschaftlich für unseren Dienst. Diese Leidenschaft, junge Menschen zu retten, wirkt dann ansteckend. Wessen Herz für Jesus brennt, der schaut dann nicht mehr auf die Uhr wegen des Feierabends und nicht auf den Kalender, um jeden Ferientag für sich zu genießen. Die Welt lebt von Menschen, die mehr tun als ihre Pflicht. Von diesem Geist ist weithin die sächsische Jugendarbeit in diesen Jahrzehnten erfüllt. Wie es heute ist kann ich nicht beurteilen. Als aber nach der friedlichen Revolution kirchliche Mitarbeiter prozentuale Anstellungen bekommen, angestellt zu 60% oder 80%, fragt mich entsetzt ein Mitarbeiter: „Was ist denn im kirchlichen Dienst eine 100%-Anstellung? Doch nicht etwa 48 Stunden? Das ist doch der Anfang vom Ende!"

Jetzt schlägt die Stasi zu!

19.10.1980. Ein Sonntag. Ich bin allein in der Wohnung. Da klingelt das Telefon. „Hier Eberhard Heiße." – „Ja, hier ist der Kraftverkehr Marienberg. Sagen Sie doch bitte ihrem Sohn Stephan, dass er morgen eine Stunde später zur Arbeit kommen soll." – „Ja, das werde ich tun." – „Danke, auf Wiederhören." –

Mit diesem Telefonanruf beginnt eine aufregende Zeit für mein Leben und das unserer Familie. Eine Zeit, in der ich hinter die Fassade unseres sozialistischen Staates schauen konnte wie nie zuvor. Eine Zeit, die mich nicht nur als Vater, sondern auch als Bezirksjugendwart immer wieder innerlich aufgewühlt hat. –

Stephan, damals 20 Jahre, ist nicht in seinem Zimmer. Ich nehme ein Stück Papier, einen Stift und schreibe: „Stephan, morgen bitte eine Stunde später zur Arbeit kommen!" und lege die Mitteilung in sein Zimmer. Ohne dass jemand von uns etwas ahnt, beginnt die neue Woche.

20. Oktober 1980. Ein Tag wie jeder andere. Judith und Tabea sind in der Schule, Esther in der Kinderstunde. Gegen 9.00 Uhr klingelt das Telefon. „Hier ist der Kraftverkehr, wir wollten anfragen, warum Stephan heute nicht zur Arbeit gekommen ist." – „Das kann nicht wahr sein, er ist doch heute, wie gewünscht, eine Stunde später zur Arbeit gegangen." – „Nein, er ist nicht hier." – „Das tut mir leid, ist mir unverständlich." – „Mir auch." – „Auf Wiederhören."

Wo ist Stephan? Gegen 10.00 Uhr klingelt es an der Wohnungstür. Zwei mir bis dahin unbekannte Männer stehen davor. Einer stellt sich vor: Staatsanwalt Ramm. Der andere ist ein Beamter der Stasi (Staatssicherheitsdienst). Sie zeigen ihre Ausweise. „Wo ist das Zimmer von Stephan Heiße?" Hausdurchsuchung. Stephans Zimmer liegt im Bereich unserer Wohnung. Das Zimmer wird durchsucht. Ich kann dabei sein. Regale, Fächer, Schränke. Ein paar Illustrierte aus der BRD werden entdeckt. „Woher sind diese

Zeitungen?" – „Von seinen Freunden." – „Wie kommen diese Zeitungen in seinen Besitz?" – „Er hat sie zugeschickt bekommen. "

Die Durchsuchung ist beendet. Mitgenommen wird nichts. Im Flur stelle ich dann die Frage: „Und wo ist Stephan?" – „Verhaftet." – „Warum?" – „Das kann ich ihnen nicht sagen." Verabschiedung. Alle Arbeit bleibt liegen. Ich fahre mit dem PKW zum Kraftverkehr. Gespräch im Büro. „Gab es Schwierigkeiten mit Stephan? Diebstahl oder Ähnliches?" – „Nein, wir sind außerordentlich zufrieden mit ihm." – der Mann, der mit dem Staatsicherheitsdienst gut zusammenarbeitet, kann geschickt heucheln: „Ist mir unverständlich, was ist denn passiert?"

Am Nachmittag bekommen wir eine Information. Ein Augenzeuge berichtet vom Vorgang der Verhaftung. Stephan geht durch die Scheffelstraße in Richtung Markt. Am Taxistand steht ein schwarzer Wolga (Staatslimousine der DDR). Stephan muss daran vorbei. Vier Türen öffnen sich. Die Männer zeigen ihre Ausweise. Stephan wird in das Auto gezerrt. Das geht alles blitzschnell. Und schon rollt der Wagen zum Stasi-Gebäude in die Dörfelstraße.

Der Staatsanwalt hat das Wort

Überall in der DDR besteht an jedem Dienstag die Möglichkeit, dass Bürger mit den Staatsanwälten sprechen dürfen. Ich fahre nach Karl-Marx-Stadt. Kaßberg. Das Gerichtsgebäude, ein gewaltiger Bau. Am Eingang eine Losung. Weißer Text auf rotem Hintergrund. Es wird für das Vertrauen zur Partei geworben.

Gespräch mit dem Staatsanwalt. „Warum ist Stephan verhaftet worden?" – „Staatsverleumdung." – „Wann kann ich ihn besuchen?" – „Sie bekommen eine Information." – Ende des Gesprächs. Ich nehme mir noch Zeit für einen Gang um die anliegenden Gebäude. Natürlich wusste ich schon vorher: Auf dem Kaßberg ist der Knast. Aber nun sehe ich alles mit anderen Augen. Die Mauern mit Stacheldraht und elektrischem Draht. Die Wachtürme mit den Soldaten der NVA. Mauern, Mauern. Dahinter dunkle Gebäude mit kleinen, vergitterten Fensterchen, teilweise mit Glasziegeln. Hinter einem dieser Fensterchen sitzt Stephan. Oder in einem Raum ohne Fenster? Oder in einem Kellerraum? Wird er jetzt verhört? Tausend bange Fragen. Noch eine Runde um den großen Komplex. Misstrauische Blicke der Uniformierten. Zurück zum Trabant, zurück nach Marienberg. Mitteilung

„Hiob"
Holzschnitt von Herbert Seidel

an den Landesjugendpfarrer. Was ist die eigentliche Ursache? Wie geht es weiter? Kommt eine neue Hausdurchsuchung? Wir sprechen mit einem Diakon, der auch seine Kinder im Gefängnis hatte. Wir räumen das Zimmer von Stephan radikal aus. Seine geliebten Matchboxautos, seine Schallplatten, die Tonbänder mit Musik. Alles wird bei Bekannten und Verwandten verstaut. Endlich! Am Freitag, dem 24.10. kommt die erste schriftliche offizielle Benachrichtigung vom Bezirksgericht Karl-Marx-Stadt.
Die Arbeit muss weitergehen. Oft sitze ich stundenlang am Schreibtisch. Nichts geschieht. Die Gedanken wandern. Es ist eine Quälerei. Alles ist leer. Tausenden habe ich gesagt, dass Gott uns im Leid besonders nah ist. Und nun? Nachts zwischen 3.00 Uhr und 4.00 Uhr werde ich meistens munter. Die Gedanken beginnen zu kreisen. Wie wird es Stephan gehen? Was wird mit ihm geschehen? Vor dem 20. Oktober habe ich nie schlaflose Nächte gehabt. Nun weiß ich, wie das ist. Der Körper braucht den Schlaf. Aber ich liege wach.

Ein Wunder geschieht

27.10.1980. Wieder ein Montag. Vor einer Woche ist Stephan verhaftet worden. Ich sitze im Arbeitszimmer. Vor mir die Bibel. Ich will, wie gewohnt, Stille Zeit halten. Gott spricht nicht mehr mit mir. Ich kann nicht mehr beten. Es ist zum Verzweifeln. Und da geschieht etwas Neues: Ich beginne zu sprechen, eine Sprache, die mir nicht bekannt ist. Die Worte überschlagen sich am Anfang. Dann ein ruhiger Redefluss. Ich spüre: Es ist Anbetung. Ich lasse es geschehen. Zehn Minuten? Länger? Ich weiß es nicht mehr. Ein Bibelvers kommt mir ins Gedächtnis: „Wir wissen nicht, was wir beten sollen, aber der Geist vertritt uns mit unaussprechlichem Seufzen", Römer 8,26. Wieder sehe ich, wie in mancher schlaflosen Nacht, die dunklen Gebäude vom Kaßberg. Aber diesmal ist alles im Licht und ich sehe, wie Jesus an diesem dunklen Ort steht. Und dann überströmt mich eine große Freude. ER ist in der Dunkelheit. Bei Stephan und auch bei mir. Wie erlöst sitze ich im Korbsessel. Natürlich wusste ich schon vorher von der Möglichkeit des Sprachengebets. Nun hat Gott mich damit beschenkt. Ich bin gespannt auf den nächsten Tag. War es nur eine einmalige Erfahrung? Nein! Auch am Dienstag dasselbe beglückende Erlebnis. Gott betet in mir, der Heilige Geist hilft meiner Schwachheit auf. Und seit diesem Tag ist mir dieses Geschenk eine kostbare Bereicherung meines Lebens geworden. Im Alltag, in Schwierigkeiten, beim Autofahren. Gott sei Dank! ER hat das geknickte Rohr nicht zerbrochen, den glimmenden Docht nicht auslöschen lassen.

Hintergründe der Verhaftung

Warum wurde Stephan verhaftet? Diese Frage beunruhigt uns weiter. Es gibt Gespräche mit seinen Freunden und Bekannten. Einige ziehen sich zurück. Plötzlich sind sie scheu geworden. Gehen uns aus dem Weg. Wollen nicht in die Sache verwickelt werden. Einer erzählt von einer Begebenheit kurz vor der Verhaftung. Stephan unterhält sich mit einigen Soldaten auf der Straße. Ein Offizier der Streife kommt und kritisiert bei einem Soldaten den schief sitzenden Kragen. Stephan mischt sich ein. Es kommt zum Streitgespräch. Der Streit wird härter. Stephan sagt: „Du bist nur zu faul zum Arbeiten, deshalb bist du Offizier geworden." Das genügt. „Mit Ihnen rede ich nicht weiter." Äußerungen von Stephan werden aktenkundig. Sie liegen zum Teil schon über zwei Jahre zurück. Wie auch diese: „Beim Verlassen des IFA- Geschäftes… (sagte er) ist doch zum Kotzen hier in diesem Staat, die haben nur die große Schnauze und es gibt nichts." Mitunter hat er auch im Gespräch mit Freunden harte Ausdrücke gebraucht. Oft kam Stephan von seiner Arbeit voller Empörung über wirtschaftliche Missstände und Fehlentwicklungen. Wie groß war immer sein Ärger über die Tatsache, dass alle sich ducken und niemand wagt seine wahre Meinung zu sagen. Wie hat er sich oft empört über die großen Sätze in den Zeitungen, die von der Wirklichkeit nicht gedeckt waren. Vielleicht war sein Reden unter anderem auch ein Stück Angeberei vor anderen, ohne die Folgen zu überlegen? Vielleicht war auch die Tatsache, dass die Arbeit des Vaters von staatlicher Seite sehr unbeliebt ist, ein Hintergrund? War das ein Grund der Verhaftung, dass man so indirekt die Arbeit an der Jugend treffen wollte? Offene Abende in Marienberg mit bis zu Tausend Jugendlichen, viele Rüstzeiten und dann die Arbeit mit jungen Christen, die bei der NVA sind? Vermutungen.

Eine Straße voller Sorge.

Kaßberg. Die U-Haftanstalt an der Theodor-Sorge-Straße. Ein sinniger Name. Eine Straße voller Sorge. Der erste Brief von Stephan. Eine DINA 4-Seite. Bis an den Rand beschrieben. Der erste Blick auf die Unterschrift. Stark abfallend.

Ich weiß Bescheid. Der Brief geht in der Familie von Hand zu Hand. „Macht euch keine Sorgen… Es geht mir den Umständen entsprechend gut…"

Und dann: Das erste Gespräch mit Stephan in der U-Haft darf Mutter führen. Der Vernehmer ist sehr höflich, sehr korrekt: „Wie war die Fahrt?" Die Räume mit Holz getäfelt. Dann kommt Stephan. „Kannst Du hier lesen?" – „Ja, es gibt eine große Bibliothek." – „Wie ist das Essen?" – „Es ist sehr gut und ausreichend." – „Hast Du eine Bibel?" – „Nein." Mutter darf noch ein Bibelwort lesen und mit Stephan beten.

Ein paar Tage später erneut in Karl-Marx-Stadt. „Kann Stephan eine Bibel bekommen?" Es wird ermöglicht. Zweimal in der Woche jeweils 30 Minuten. Sparsam dosiert. Erneutes Gespräch mit Staatsanwalt Böhm. „Es sind offensichtlich nicht genug Bibeln da. Ich bin bereit, 30 Stück kostenlos zur Verfügung zu stellen, damit die Ausleihzeiten nicht so kurz zu sein brauchen." Das Gespräch wird eisig. Es wird abgebrochen. Die Bibel – ein gefährliches Buch?

Interview mit Robert Maxwell

Am 13. Februar 1981 veröffentlichen die Zeitungen in der DDR den Wortlaut eines Interviews vom Staatsratsvorsitzenden Erich Honecker und dem britischen Zeitungsverleger Robert Maxwell.

Anfrage von R.M.: „Von Amnesty International ist vor wenigen Tagen eine Dokumentation veröffentlicht worden, die der DDR vorhält, sie verletze internationale Verträge, die von ihnen selbst unterzeichnet worden seien. Wie stellen Sie sich diesem Vorwurf? Zwischen 3000 und 7000 DDR-Bürger, meint Amnesty International, seien gegenwärtig politische Gefangene in der DDR?" – Die Antwort von Honecker (Auszug): „Die Angabe, dass 3000 - 7000 Bürger der DDR aus politischen Gründen gegenwärtig in Haft sind, ist schlicht gesagt eine große Lüge. Seit der letzten Amnestie im Jahre 1979 gibt es bei uns keinen einzigen politischen Gefangenen mehr."

„Im Namen des Volkes..."

Die Verteidigung von Stephan übernimmt der Rechtsanwalt Dr. Wolfgang Schnur von der Insel Rügen. Damals wussten wir noch nicht, dass dieser Mann Stasi-Mitarbeiter war. Dann kommt die Mitteilung: Dr. Schnur ist ernsthaft erkrankt. Was nun? Ein Rechtsanwalt aus Zwickau übernimmt die Verteidigung. Endlich der Termin der Verhandlung. Antwort auf unsere Anfrage bei Staatsanwalt Ramm in Marienberg: „Nein, Sie dürfen bei der Verhandlung nicht anwesend sein." Dass es eine Bestimmung gibt, dass ich bei der Urteilsverkündung mit dabei sein kann, wusste ich nicht, wurde mir verschwiegen. Drei Tage nach dem Urteil ist Besuchstag. Mutter ist wieder an der Reihe. Voller Spannung warte ich im kalten Trabant. Endlich öffnet sich die Tür. „Zwei Jahre und sechs Monate". Tränen. Unfassbar. Sozialistische Rechtssprechung. Lohnt es sich Berufung einzulegen? Und dann weitere Monate in diesem Bau? Vielleicht Einzelhaft? Wir haben uns Literatur besorgt. Erfahren, dass es gerade für Jugendliche lebenszerstörend sein kann, lange Zeit in Einzelhaft zu sein. Stephan legt trotzdem Berufung ein. Weitere lange Wochen. Endlich der Bescheid. Auf zwei Jahre herabgesetzt. Es war nicht umsonst. Wir atmen auf. „Nur" zwei Jahre! Ein Bekannter aus einem westlichen Land sagte mir später, dass es für dieses „Verbrechen" in der westlichen Welt etwa umgerechnet 50 DM Strafe wegen Beamtenbeleidigung gibt.

Im Strafvollzug Brandenburg

„Du wirst in die Nervenklinik kommen" sagten kurz vor seiner Versetzung einige Inhaftierte zu Stephan. Offensichtlich war er fertig, hat am ganzen Körper gezittert. Aber es ging nach Brandenburg. Der erste Brief aus Brandenburg. Großstadt in der Mark. Herrliche Landschaft, viele Seen, Wälder. Oft waren wir in Mötzow bei Brandenburg mit jungen Leuten zu Bibelrüstzeiten. Unvergessliche, unbeschwerte Tage. Brandenburg: Ein großes Stahlwerk und eine der größten Strafvollzugseinrichtungen der DDR. Endlich der erste Besuch. Vorbei geht die Fahrt am großen Walzwerk. Baumgruppen, eine Tankstelle. Rechts eine Mauer mit elektrischem Draht bespannt. Endlos. Abfahrt rechts. Wir sind da. Große, rote Backsteingebäude. Fabrikgebäude. Vor dem Haupteingang auf einem Sockel ein russischer Panzer. Hinter diesen Mauern aber leben tausende Männer. Ihrer Freiheit beraubt. Kontrolle, Ausweis abgeben. Empfang der Blechmarke mit Nummer. Im kleinen Warteraum sitzen Menschen. Warten darauf, dass sie aufgerufen werden, um mit ihren Angehörigen zu sprechen. Lähmendes Schweigen. Eine Straßenbahn kommt. Neue Besucher füllen den Raum. Es sind keine Sitzplätze mehr da, aber in der Ecke stehen gestapelte Stühle, keiner wagt sich heran. Ich gehe zum Stapel, nehme ein paar Stühle, biete Sie an. „Danke, Danke." Die Stille ist belastend. „Wo kommen Sie her?" Kleine Gespräche entstehen. Gesichter, vom Leid gezeichnet.

Nummern werden aufgerufen. Endlich sind wir dran. Es geht in Begleitung über den Hof. Neue Kontrolle. „Achtung! Herzschrittmacher." Ein großes Gebäude. Rechts ein paar Stufen. Spinde, Garderobe, Taschen usw. werden eingeschlossen. Gegenüber dem Besuchsraum. Wir treten ein. Kleine Tische. Auf jedem ein Mikrofon. Vorn ein Kiosk. Die Häftlinge kommen. Mutter ruft:

„Da – Stephan!" Begrüßung. Saubere Uniform. Kurzes Haar. „Wie geht es, mein Junge?!" Endlich wieder eine Begegnung. Vorn im Raum eine Glaskabine. Ein Mann mit Kopfhörer. Viele Tasten. Jeder Tisch kann jederzeit abgehört werden. Wird jetzt gerade unser Gespräch belauscht? Wird grundsätzlich alles auf Band aufgenommen? Was können wir erzählen? Was nicht? Wird dann das Gespräch abgebrochen? War dann die weite Fahrt umsonst? Ja, am Tisch schräg gegenüber erleben wir das. Nach etwa 20 Minuten muss der Besucher aus dem Raum. Kaffee kann geholt werden und Kuchen. Im Wert von 20 Mark Lebensmittel für den Häftling. Zwischendurch wandern die Augen zu den anderen Tischen. Vorwiegend junge Männer. Intelligente Gesichter. Keine „Assis", das würde man sehen. Gibt es die hier auch? Natürlich, alles bunt gemischt. Es gibt ja übrigens in der DDR keine politischen Gefangenen. Nicht einen einzigen! Schnell ist die Stunde vorbei. Wir lesen die Losung. Wir beten. Jesus ist auch in Brandenburg. Er wird uns durch alles hindurch tragen. Zu Hause angekommen ergibt sich die Möglichkeit, mit einem ehemaligen Häftling aus Brandenburg zu reden. Er ist mittlerweile in der BRD. Wir erfahren von total überfüllten Zellen, von negativen Erscheinungen im Zusammenleben von Kriminellen und Politischen usw. Teilweise 2 Quadratmeter Raum pro Häftling. Das Herz ist mir schwer. Vieles kann ich meiner Frau gar nicht sagen. Briefe werden geschickt. Stephan malt herrliche Blumen auf jeden Brief. Er bekommt auf mein Bemühen eine Bibel. In Brandenburg gibt es in gewissen Abständen sogar Gottesdienste. Ein Seelsorger, Pfarrer Giebeler, kann sogar in den Zellen Besuche machen. Viele sind misstrauisch. Gerüchte?

„Ich kann hier nicht mehr leben!"

September 1981. Nach vielen Bibelrüstzeiten mit jungen Leuten sind noch einige gemeinsame Tage mit Evilis und unseren Kindern Tabea und Esther in den Bergen geplant. Da kommt die Nachricht und platzt wie eine Bombe in unsere so lang ersehnten Ferien: Susanne, 1961 geboren, ist verhaftet. Einige Wochen vor ihrer Verhaftung hat sie ihren Bruder in Brandenburg besucht. Deprimiert kommt sie zurück und sagt: „In diesem Land kann ich nicht mehr leben!" Dann macht sie eine Tramptour nach Ungarn. Von da aus der Versuch über die Grenze nach Jugoslawien zu flüchten. Verhaftung. Auslieferung in die DDR. Susanne, ein jungenhafter Typ, erfüllt vom großen Fernweh. Sicher hat sie das von ihrem Vater geerbt. Erfüllt vom Drang nach Freiheit. Nicht der Lebensstandard war ihr Fluchtmotiv. Nie hat sie gesagt: „Ich möchte nach dem Westen". Vom Süden hat sie geträumt. Andere Länder wollte sie sehen. „Warum nicht Italien? Spanien? Wir sind jung, die Welt ist offen…" Traurige Ironie. Und nun? Karl-Marx-Stadt. Kaßberg. Untersuchungshaft. Es beginnt alles von vorn.

Abschiebung in den Westen?

Inzwischen haben wir erfahren, dass man Stephan in die BRD abschieben will. Wiederholte Anfragen von Karl-Marx-Stadt nach Brandenburg. „Es ist kein Problem! Nutzen Sie die Gelegenheit. Ihre Eltern können in die BRD nachreisen und dann ist doch die Familie wieder zusammen." Wie human! Oder geht es darum, unbequeme Leute loszuwerden? Und in den Strafvollzugseinrichtungen wird Platz für Neue. Außerdem bringt das Geschäft noch Geld: Menschenhandel. Stephan bleibt hart. Für alle unverständlich, aber zu unserer Freude. Schwer zu verstehen: Susanne möchte in die „westliche Welt" und wird deshalb ins Gefängnis gebracht. Stephan will in der DDR bleiben, wird aber wiederholt aufgefordert, in die BRD zu gehen. Realer Sozialismus!

Gnadengesuch

Wie geht es weiter mit Stephan? Ein Schreiben an den Staatsratsvorsitzenden wird höflich beantwortet. Ein neues Gespräch mit dem Staatsanwalt Böhm. Ein Gnadengesuch wird eingereicht. „Ja, wenn die Führung gut ist, kann ein Drittel der Strafe erlassen werden." Neue Hoffnung auf vorzeitige Entlassung. Der Erzieher von Stephan in Brandenburg, Hauptmann Altenkirch, bestätigt, dass die Führung von Stephan sehr gut ist. Keinerlei Beanstandung. Wir haben große Hoffnung. Im November 1981 dann der Anruf von Staatsanwalt Ramm: „Bitte um ein Gespräch." Das Gespräch findet statt: „Ich teile Ihnen mit, das Gnadengesuch von Stephan ist abgelehnt. Stephan muss die ganze Zeit in Brandenburg bleiben." Das kann nicht sein. Ich mache meinem Herzen Luft. Sage alles, was mich im Blick auf die Praktiken dieses Staates bewegt. Als ich das Thema „Menschenhandel" anbringe, wird das Gespräch abgebrochen. Ein heißes Eisen. Alles war umsonst. Die Stasi hat anders entschieden. Aber viel Zeit zum Grübeln bleibt nicht. Schon steht die Verhandlung von Susanne vor der Tür.

Gerichtsverhandlung: Susanne

Diesmal habe ich mich informiert. Auch wenn die Verhandlung unter Ausschluss der Öffentlichkeit stattfindet, dürfen bei Urteilsspruch Angehörige dabei sein. Auf jeden Fall möchte ich das nutzen. Gespräch bei Staatsanwalt Ramm. „Wann ist die Verhandlung?" – „Am 27.11.1981" – „Darf ich bei der Urteilsverkündung dabei sein?" – „Ja." – „Welche Zeit ist die Verhandlung?" – „9.00 Uhr".
Die Verhandlung wird vom Kreisgericht Marienberg im Gebäude des Bezirksgerichtes Karl-Marx-Stadt durchgeführt. Einen Rechtsanwalt hat Susanne nicht. „Das Geld für den Rechtsanwalt können Sie sich sparen", meinte in einem Gespräch Staatsanwalt Ramm zu mir. Am 27.11. bin ich gegen 8.45 Uhr im großen Gerichtsgebäude. Beamte stehen vor der Tür. Ich äußere mein Anliegen. Man führt mich zum Warteraum. „Ja, wir holen Sie dann, wenn es soweit ist." Gegen 11.00 Uhr erscheint ein Beamter: „Herr Heiße, das Gericht hat sich zur Beratung zurückgezogen."

Daniel 6, 28

Diesen Holzschnitt habe ich unseren Kindern im Brief in den Strafvollzug mitgeschickt. Er ist auch ausgehändigt worden!

– „Wann geht es weiter?"
– „Gegen 13.00 Uhr."
Ich gehe in die Stadt, informiere Evilis. Vor 13.00 Uhr bin ich wieder da. Wieder der Hinweis auf das Wartezimmer. „Ja, wir rufen Sie dann." Ich warte und warte. Stunden! Draußen wird es dunkel. Gegen 16.00 Uhr verlasse ich das Wartezimmer. Das große Gebäude steht leer. Ich gehe zum Ausgang. Die Dame an der Pforte schaut mich verwundert an. „Wo kommen Sie denn her?" „Ich warte darauf, dass ich zum Urteilsspruch meiner Tochter aufgerufen werde." „Ihr Name?" „Heiße." Die Verhandlung ist längst vorbei. „Wie ist das Urteil?" „Das weiß ich nicht." Ein Tag der Stille vor Gott. Aber auch ein Tag mit neuen Einblicken hinter die Fassade. Am Montag ist kein Sprechtag beim Staatsanwalt. Ich gehe trotzdem zum Gericht. Es gibt ein kurzes, sehr hartes Gespräch mit dem Richter Mücke. Es wird mir das Strafmaß für Susanne mitgeteilt. Ein Jahr und drei Monate wegen versuchter Republikflucht. Eine verhältnismäßig geringe Strafe in der DDR für einen jungen Menschen, der das Fernweh hat und in ein anderes Land möchte. „Vati, warum kann ich nicht einmal auch nach Italien?" Zugvögel die nach dem Süden fliegen werden also eingesperrt oder abgeschossen.

Lohnender Einsatz

Anfang Januar 1982. Neuer Anruf vom Staatsanwalt. Was nun? „Herr Heiße, ich teile Ihnen mit, dass Stephan vorzeitig entlassen wird. Er wird in drei Tagen in Marienberg sein." Und so ist es. Völlig überraschend dieses Geschehen für uns alle. Dankbarkeit gegen Gott. Kirchenleitende Stellen haben sich mit Erfolg an höchsten Stellen für Stephan eingesetzt. Es geschehen Zeichen und Wunder.

Stephan ist wieder bei uns. Es gibt viel zu erzählen. In der Allianzgebetswoche spricht Evilis den Psalm 126: „Wenn der Herr die Gefangenen Zions erlösen wird, werden wir sein wie die Träumenden. Dann wird unser Mund voll Lachens und unsere Zunge voll Rühmens sein".

Frauenknast Hoheneck

Im Januar 1982 kommt Susanne in das Frauengefängnis nach Stollberg. Vorbei die quälende Zeit der Untersuchungshaft. Und Stollberg liegt im schönen Erzgebirge! Nur etwa eine Stunde mit dem Auto von Marienberg. Die ersten Briefe, der erste Besuch. Am Stadtrand die alte Burg: Hoheneck.
Als ersten Besuch wünscht sich Susanne ihre Mutter. Im Empfangsbereich informiert die Wachhabende: „Heute Begrüßung mit Handschlag!" Für Evilis völlig unverständlich. Alle werden in den Besucherraum geführt, wo sie an Tischen Platz nehmen. Dann werden die Gefangenen zugeführt. Evilis springt auf und umarmt Susanne. Ein Befehl wird durch den Raum gebrüllt: „Ich habe gesagt, heute Begrüßung mit Handschlag! Gefangene Heiße abtreten!" Evilis spürt noch Susannes wehendes Haar, dann ist sie weg. Zwei Wachhabende stehen hinter dem Tisch, an dem Evilis nun alleine sitzt. Sie kann nur beten: „Herr vergib ihnen, denn sie wissen nicht was sie tun." Fünf Minuten

vor dem Ende der Sprechzeit lässt die Aufseherin Susanne noch mal herein mit den Worten: „Jetzt können Sie sich die Hand geben." Susanne: „Jetzt auch nicht mehr". Evilis: „Wir hatten doch schon mehr als die Hand."

Susanne ist ganz anders als Stephan. Für sie war die U-Haft die „angenehmere" Zeit. Und sie ist in ihrem Willen unbeugsam. Es wird zur Kraftprobe kommen. Die Situation verhärtet sich. Kein Paketschein, kein Brief. Was ist geschehen?

In der Höhle des Löwen

Passionszeit. Wie schon in den vergangenen Jahren haben wir mit jungen Leuten eine Osternachtwanderung geplant. Zum Thema: „Kreuz". Mit verschiedenen Stationen.

Zehn Tage vor Ostern klingelt es früh 7.30 Uhr an der Wohnungstür. Staatssicherheitsdienst.

Ich ziehe mich an und bitte, mit meiner Frau noch beten zu dürfen. Wir gehen in die Küche und schlagen das Herrenhuter Losungsbüchlein auf. Was sagt uns Gott für diesen Tag? Offenbarung 2,9: „Ich kenne deine Bedrängnis und deine Armut, du aber bist reich…". So ein tröstendes Wort in dieser Situation, wir können Gott nur danken und liegen uns zum Abschied in den Armen. Evilis winkt mir nach. Als das Auto um die Ecke biegt, liest sie den Losungstext noch einmal in der Bibel und den Vers 10 dazu. Und da steht wahrhaftig: „Fürchte dich nicht vor dem, was du leiden wirst. Siehe, der Teufel wird einige von euch ins Gefängnis werfen, damit ihr versucht werdet, und ihr werdet in Bedrängnis sein zehn Tage". Evilis ist getröstet: „Eberhard wird nur kurze Zeit weg sein".

Meine Fahrt geht Richtung Karl-Marx-Stadt. Kein Mensch spricht im Auto. Die drei mitfahrenden Beamten reagieren auch nicht auf Gesprächsimpulse. Kaßberg-Emilienstraße. Ein Gebäude der Stasi. Ein Raum, vor mir ein Mikrofon und ein Tonbandgerät. Stehend hinter dem Schreibtisch ein Major. Und dann kommt die Vermahnung. Es geht um die Aufnäher "Schwerter zu Pflugscharen". Ich soll sie einsammeln und den Organen der VP (Volkspolizei) zur Verfügung stellen. Es geht um staatsfeindliche Bemerkungen bei meinem Gespräch mit dem Staatsanwalt. Und es geht vor allen Dingen um den geplanten „Ostermarsch". „Der Ostermarsch findet nicht statt!" Ich unterbreche: „Verzeihung, aber wir haben nie einen Ostermarsch geplant oder durchgeführt. Unsere Osternachtwanderung ist etwas ganz anderes." – „Unterbrechen Sie mich nicht! Sie sind hier nicht zur Diskussion! Merken Sie sich das!" So schreit mich der Major an. Endgültige Verwarnung, Androhung von Strafen. Nach zwei Stunden will man mich zur Bushaltestelle fahren. Ich erbitte die Rückfahrt nach Marienberg. Das gleiche Auto. Die gleichen Leute in Zivil. Und wieder großes Schweigen. Kurz vor Marienberg unterbreche ich die Stille und sage in ein paar Sätzen die Botschaft von Gott. Dann sind wir in Marienberg. Am nächsten Tag Gespräche im Landeskirchenamt in Dresden. Die Kirchenleitung setzt sich für die Durchführung der Osternachtwanderung ein. Die Superintendenten sind angewiesen, die Verantwortung zu übernehmen und bei der Wanderung mit dabei zu sein. Harte Gespräche auf der Kreisebene. Und dann die Osternacht. Schneesturm jagt über die Berge. Die jungen Leute haben sich gesammelt. Rechtzeitig kommt noch Landesjugendpfarrer Harald Bretschneider aus Dresden. Er hat sich in diesen schweren Jahren unerschrocken an unsere Seite gestellt. Wir haben ein gutes Gefühl. Die Kirche steht hinter unserem Vorhaben. Wir ziehen los. In der alten Wehrkirche in Großrückerswalde ist Abendmahlsfeier. Wir singen und beten. Und dann weiter. Auf ganz einsamen Waldstraßen fährt ab und zu ein Taxi an uns vorbei. Aber es passiert nichts. Früh sind wir in der Drebacher Kirche am Ziel. Singen unsere alten Osterlieder. „Der Herr ist auferstanden. Er ist wahrhaftig auferstanden. Halleluja!"

Einzelhaft im „Schloss" Hoheneck

Mai bis Juni 1982. Wir bekommen keine Post mehr von Susanne. Was ist passiert? Endlich ein Brief. 4 Wochen vorher geschrieben, zwei Tage vorher in Stollberg abgestempelt. Ich rufe in Stollberg an und bitte um ein dringendes Gespräch. Nach einigem Hin und Her ist es möglich. Die „Haupterzieherin" und andere Erzieher sitzen vor mir. „Was ist mit Susanne? Warum ist dieser Brief vier Wochen unterwegs? Warum haben wir keinen Paketschein?" – „Susanne macht uns große Schwierigkeiten, sie fügt sich nicht in die Ordnungen. Vor einigen Wochen hat sie gesagt, sie würde für diesen Staat nicht mehr arbeiten." Meine Anfrage: „Und Ihre Reaktion?" – „21 Tage verschärfter Einzelarrest." – „Wie geht es weiter?" – „Sie wird weiter isoliert." „Hat sie eine Bibel?" – „Nein." – „Wie geht es weiter?" – „Wir werden wahrscheinlich beantragen, dass ein neuer Prozess in Gang kommt." – Das heißt: weitere Jahre. Und nun muss ich wieder in aller Offenheit reden: „Ich bin im pädagogischen Beruf tätig. Und da macht man auch Fehler. Aber wenn man sein Erziehungsziel laufend verfehlt, muss man sich fragen, was man falsch macht. Es müsste doch das Erziehungsziel sein, eine positive Haltung zum Staat zu erreichen. Aber viele Entlassene sind voller Hass gegen den Staat. Ist Ihnen das bekannt?" – „Aber Verbrecher müssen bestraft werden." – „Es ist kein Verbrechen, wenn ein junger Mensch die Welt entdecken und in ein anderes Land gehen will." – „ Herr Heiße, es ist ein Verbrechen!" – „Ihre Gesetze sind verbrecherisch." – „Herr Heiße! Unsere Gesetze sind verbrecherisch?" –
„Nicht alle, aber dieses. Sie können Susanne nicht beugen. Sie können sie kaputt machen, aber nicht beugen. Aber wenn ihr etwas geschieht, dann werde ich dafür sorgen, dass dies sehr weite Kreise zieht. Weltweit!"
Wegen dieses Gesprächs und natürlich auch grundsätzlich wird kurze Zeit später das Ermittlungsverfahren gegen mich eingeleitet, vermutlich aber in Berlin dann gestoppt.

Nachdem Susanne in Freiheit ist, treffen wir uns eines Tages in Prag. Es gibt viel zu erzählen. Das Schrecklichste was Susanne in Hoheneck erlebt, sind 21 Tage verschärfter Einzelarrest in den berüchtigten Keller-Arrestzellen. Die Schreie der Angeketteten schallen durchs ganze Treppenhaus. Miserable Verpflegung. Nur alle drei Tage eine warme Mahlzeit. Die Fenster sind verdunkelt. In den Einzelzellen ist Tag und Nacht Finsternis. Kein Gespräch, keine Möglichkeit zum Lesen oder Schreiben. Durch ein Gitter ist die Zelle geteilt. In der hinteren Hälfte ist die hölzerne Schlafpritsche. Sie darf nur in der Nacht benutzt werden. Und die „Toilette". Im vorderen Teil sind ein Hocker und ein Waschbecken. Im Fußboden einbetoniert sind Ketten. Wer gewalttätig ist oder suizidgefährdet, wird angekettet. An Händen und Füßen. Das alles ist furchtbar! Ich kann es fast nicht glauben, was mir Susanne berichtet. Wie hat sie das nur überstanden? Am stärksten berührte sie das in die Zellenwand eingeritzte Wort „Mutter". Wie oft hat sie es geschrien. – Was war die Ursache für ihren dreiwöchigen Einzelarrest? Zwei Gründe gab es. Sie hat unter schwierigsten Bedingungen kleine Geschenke gebastelt und an Gefangene, die psychisch ganz unten waren, verschenkt. Das ist in Hoheneck verboten. Dazu kommt eines Tages noch die Arbeitsverweigerung. Auf alten Nähmaschinen müssen in drei Schichten eine hohe Anzahl von Bettbezügen genäht werden. Die Arbeitsnorm ist kaum zu schaffen. Manche geben auf. Und landen dann ganz unten. In der Einzelarrestzelle. Susanne, wie hast du in diesen Wochen gelitten. Unter einem unmenschlichen System! Wie heißt es doch im Weltjugendlied, das die FDJ so gern gesungen hat? „Freund, reih dich ein, dass vom Grauen wir die Welt befrein!" Vom Grauen in der DDR wussten nur wenige. So war es schon einmal im Rückblick auf die Zustände in den Konzentrationslagern im Dritten Reich. Auch sie waren den meisten unbekannt.

Eine gute Bekannte schickt uns im Spätherbst 2008 ein Buch von Birgit Schlicke, das „Knast-Tagebuch" (ISBN 3-8311-2911-8), Erinnerungen einer politisch Gefangenen an die Stasi-Haft im Frauenzuchthaus Hoheneck. Sie schildert ihr persönliches Schicksal im Meer der roten Fahnen. Ich bin zutiefst erschüttert!

Ein Telegramm aus Gießen

Vier Wochen später bin ich mit einer Gruppe junger Leute in Wermsdorf bei Leipzig zu einer Bibelrüstzeit. Der letzte Tag der Rüstzeit. Am Abend kommt ein Anruf aus Marienberg. Am Telefon ist Stephan. „Vati, soeben kam ein Telegramm aus Gießen. Inhalt: Genau ein Jahr nach meiner Verhaftung bin ich frei. Gruß Susanne."
Gemischte Gefühle. Einmal die Freude, dass die harte Zeit in Stollberg zu Ende ist. Dann aber: Probleme gibt es überall. In die DDR und zu uns kann sie nie wieder kommen. Wird sie Fuß fassen? Tausenden jungen Leuten habe ich gesagt, dass unser Platz hier ist, dass wir hier gebraucht werden. Aber ich muss nun auch die Entscheidung von Susanne respektieren. Sie hat genügend Zeit gehabt, sich in Ruhe alles zu überlegen. Wie geht es weiter?

Selbstmord. Die Stasi geht um.

Dezember 1982. Wir sind zum Gottesdienst in der Marienkirche. Danach stehen wir im Vorraum. Junge Leute kommen aufgeregt zu mir. „Weißt du schon, Thomas Mahler hat sich das Leben genommen." Das kann nicht sein! Thomas war ab und zu in der Jungen Gemeinde. Ein ruhiger junger Mann, 18 Jahre. Einziges Kind. Ein Haus. Eigener Skoda. Thomas ist tot? Was ist geschehen? Ich besuche die Eltern. Sie sind untröstlich. Und dann erzählen sie stockend die Hintergründe. Ganz offensichtlich war Thomas als Spitzel

113

für die Stasi geworben worden. Und dann kamen große innere Konflikte. Am Vorabend seines Todestages hat er noch mit seinen Eltern gesprochen. Voller Angst. Ich halte das nicht aus. Für den nächsten Tag war ein Gespräch angesetzt. Abends 18.00 Uhr, Eisenbahnbrücke, Straße nach Großrückerswalde, Ortsausgang. Davon hat er auch seinen Eltern am Vorabend noch erzählt und von seinen Ängsten. Etwa eine Stunde vor dem Zeitpunkt des Treffens hängt sich Thomas in der Toilette seines Betriebes im Kraftverkehr auf.

Am nächsten Tag Besuch der Stasi beim Ortspfarrer. Er wird aufgefordert, bei der Beerdigung nichts davon zu sagen, dass beim Tod des Thomas Mahler Zusammenhänge mit der Stasi bestehen. Denn das würde nicht der Wahrheit entsprechen.

Voller Trauer und Zorn stehen wir am Grabe des jungen Mannes. Er hat den seelischen Druck nicht ausgehalten. Anderen Jungendlichen, die auch für Spitzeldienste in ihren Betrieben geworben wurden, ging es besser. Sie fanden rechtzeitig den Weg zum Seelsorger und haben sich lösen können. Aber unter welchen inneren Qualen!

Thomas Mahler, ein Opfer der Stasi. Andere finden den Weg aus dem Teufelskreis. Unser Gebetskreis, zugleich Mitarbeiterkreis der Jungen Gemeinde Marienberg trifft sich in meinem Arbeitszimmer in der Scheffelstraße. Ein Mädchen ist wie verstört. Schon seit einiger Zeit fällt mir das auf. Heute muss ich sie ansprechen. Es kommt zum Gespräch. Erst zögerlich, dann elementar. Sie erzählt, wie sie in ihrem Betrieb für die Stasi geworben und zur Schweigepflicht genötigt wurde. Sie erzählt: „Morgen Abend ist wieder unser Treffen. An der Straße Marienberg–Lauterbach, erste Kurve. Dann geht es in eine einsame Gaststätte. Möchten Sie gern einen Likör? Einen Kaffee? So, und nun erzählen Sie mal. Wie ist die Stimmung im Betrieb? Gibt es bei Heiße etwas Neues?" – „Nein, ich will nicht mehr, ich kann nicht mehr!" Wir beten zusammen. Dann gebe ich einige Hinweise. „Sofort die Bindung abbrechen. Sag ihnen:

Mein Leben gehört Jesus. Ich kann nicht mehr Ihre Informantin sein. Ich will nicht mehr. Und morgen Abend nach der Begegnung sag mir Bescheid." Ein Segenswort schenkt Kraft. Gespannt erwarte ich den Abend des nächsten Tages. Da kommt die Nachricht. Gott hat Wunder gewirkt. Nachdem die Stasi-Leute ihre Entschlossenheit gespürt haben, wird das Gespräch sofort abgebrochen und sie nach Hause geschickt. Leider geht es nicht immer so gut aus.

Ja, und dann noch der junge Mann aus einem Dorf in der Nähe von Olbernhau. Er arbeitet im Großbetrieb Federnwerk in Marienberg. Die Auswertungsgespräche sind da immer in einem kleinen Raum im Olbernhauer Rathaus. Eines Tages bekommt er zum ersten Mal einen Hundertmarkschein. Sein Gewissen meldet sich. Mit dem Geld in der Hand kommt er zu mir. Wir kennen uns von einer Rüstzeit. Nach seiner Beichte und Vergebung kann er wieder aufatmen. Und was machen wir mit dem Geld? Zurückgeben wollen wir es nicht. Also wird es ein willkommener Beitrag für das Jugenddankopfer der Jungen Gemeinde. Bei unseren Treffen der Jugendwarte häufen sich die Mitteilungen über die Spitzeltätigkeit der Stasi. Wir bitten den Landesbischof um ein Gespräch. Er nimmt sich Zeit für unsere Probleme und bittet uns, in geeigneter Weise die Jugendlichen zu informieren. Und das tun wir dann auch:
    1. Lasst euch nicht erpressen.
    2. Gebt keine Unterschrift.
    3. Nehmt kein Geld an.
    4. Sucht sofort das seelsorgerliche Gespräch.

Erschüttert bin ich nach dem politischen Umbruch über einige offengelegte Zahlen. In der DDR gab es 90.000 hauptamtliche und etwa 170.000 nebenamtliche Mitarbeiter bei der Stasi.

Keine Einreise ins „Bruderland"

Am 6.11.1983 ist die Ausfahrt der Jungen Gemeinde Stadt Marienberg geplant. Eine Fahrt in die CSSR mit 6 PKW. Besichtigung von Burgen und Kirchen, Baden im geheizten Bad in Karlovy Vary. Am Abend wieder zurück. Herrliches Herbstwetter. Grenzübergang Oberwiesenthal. Fünf Autos dürfen die Grenze passieren. Mein Auto wird zurückgehalten. Lange Wartezeit. Endlich die Information: „Herr Heiße, Sie dürfen nicht in die CSSR fahren." Es kommt zu einem kurzen Gespräch. „Weshalb wird mir die Einreise verweigert?" – „Das kann ich Ihnen nicht sagen." – „Wo ist die Stelle, an der ich Beschwerde einreichen kann?" – „Das kann ich Ihnen auch nicht sagen." Zum Glück hat einer der Jugendlichen eine Fahrerlaubnis. So fährt das Auto mit den Jugendlichen endlich weiter. Ich laufe vom Grenzübergang zu Fuß zurück nach Oberwiesenthal. Polen ist geschlossen für uns. Mein Visum nach Ungarn wurde abgelehnt. Und nun ist auch die CSSR für mich dicht.

Abends kommen die Jugendlichen zurück. Sie sind entrüstet wegen meiner Zurückweisung an der Grenze und wegen der Kontrolle und Befragung. Fragen an der Reitzenhainer Grenze: „Wo waren Sie? Waren Sie wirklich baden? Können Sie mir sagen, wo das Schwimmbad ist? Woher haben Sie hier diese Schokolade?"

Drei Tage später ein zweiter Versuch. Diesmal allein am Grenzübergang Reitzenhain. Wieder nach etwa 30 Minuten auf der Wartespur die Mitteilung: „Sie dürfen nicht in die CSSR." Wieder ohne Begründung. Das ist ein pädagogisches Meisterstück: Bei einer Bestrafung fragt der Betroffene wiederholt nach der Ursache der Bestrafung und er bekommt wieder keine Antwort. Das sind die vertrauensfördernden Maßnahmen zum Volk. DDR-Strafprozessordnung § 6: „Kein Bürger darf unbegründet einer Straftat beschuldigt oder außer den gesetzlich bestimmten Voraussetzungen in seiner persönlichen Freiheit beschränkt werden…"

Die Grenzprobleme hören nicht auf. 13.04.1984. Fahrt mit dem PKW zum Grenzübergang Reitzenhain in Richtung CSSR. Ist das Einreiseverbot für mich inzwischen aufgehoben? Kontrollstelle. Ausweiskontrolle. Wartezeit. Aufforderung, auf die Nebenspur zu fahren. Ein Offizier aus dem Hauptgebäude kommt und teilt mir mit: „Ihre Einreise in die CSSR kann nicht erfolgen." – „Warum nicht?" – „Das kann ich Ihnen nicht sagen." – „Wo erhalte ich Auskunft?" – „Bei der Volkspolizei." Es ist Mittag. 14.00 Uhr bin ich bei der Meldestelle der Volkspolizei. 60 Minuten im Warteraum. Endlich: „...und Sie wünschen?" – „Heute Vormittag bin ich daran gehindert worden, in die CSSR einzureisen." – „Warum?" – „Das wollte ich gern von Ihnen wissen." – „Warten Sie bitte." So bin ich wieder im Warteraum. Etwa 45 Minuten. Dann das Gespräch mit einem Offizier: „Ja, Herr Heiße, wir können Ihnen in dieser Frage keine Auskunft geben. Wir bearbeiten nur Visa-Angelegenheiten." – „Aber ich bin doch zu Ihnen geschickt worden!" – „Wer hat Sie geschickt?" – „Es tut mir leid, aber der Beamte an der Grenze hat sich mir nicht vorgestellt. Aber es lässt sich nachprüfen. 11.45 Uhr war ich an der Grenze." – „Nun ja, wir können Ihnen nicht helfen. Aber Sie haben das Recht auf Beschwerde."

Freitag, den 25.Mai. Meine Frau will mit unserer Tochter und dem Praktikanten in die CSSR. Grenzübergang. Ausweiskontrolle. Wartezeit. Auf die Nebenspur. Ein Offizier kommt aus dem Hauptgebäude: „Sie dürfen nicht in die CSSR einreisen." Meine Frau: „Können Sie das bitte begründen?" – „Wenden Sie sich an den zentralen Stab der Grenztruppen." – „Geben Sie mir bitte diese Anschrift." – „Nein, die Anschrift darf ich Ihnen nicht geben." – „Das ist doch unmöglich, nicht die Anschrift..." – „Warten Sie bitte." Zurück zum Hauptgebäude. Wartezeit. Neue Informationen: „Frau Heiße, Auskunft erteilt Ihnen die Volkspolizei in Marienberg." – „Danke, mit wem habe ich gesprochen?" – „Das darf ich Ihnen nicht sagen." – „Welchen Dienstgrad haben Sie?" – „Das sehen Sie doch." – „Damit habe ich mich noch nie beschäftigt." – „Ich bin Hauptmann." – „Wenn mir nicht gesagt wird, weshalb ich nicht in die CSSR einreisen darf, steht das gegen die Verfassung Artikel 30 und ich empfinde es als eine Schikane." – „Fahren sie bitte zurück!"

Anfrage bei der Volkspolizei wegen des Gesprächs. „Nein, heute nicht. Am Dienstag, dem 29.04." – Wie wird es weitergehen? Die Kinder sind traurig. „Vater, können wir nun nie mehr in die CSSR fahren?" Wir werden uns mit dem Verbot nie abfinden.

Grenzfragen: Privatsache? Heute bin ich es, morgen der Jugendwart aus Annaberg. Übermorgen ein anderer. Also doch keine Privatsache?

Ein Brief an den Landesbischof

An den Landesbischof der Evangelisch Lutherischen Landeskirche Sachsens vom 16.07.1981

Sehr geehrter Herr Landesbischof!

In wenigen Tagen werden die Teilnehmer des Zentralausschusses des ökumenischen Rates in die DDR einreisen. Mit welchen Eindrücken werden sie unser Land verlassen? Erfahrungsgemäß zeigen wir unseren Gästen oft nur das Angenehme und das Schöne. Unsere Gäste werden sicher wohlklingende Musik in den Kirchen zu hören bekommen - es wäre gut, wenn sie auch die Schreie der körperlich misshandelten Strafgefangenen in unserem Land hören könnten.

Die Gäste werden staunen über den erfreulichen Aufbau von Dresden und auch die neuen Stadtviertel erleben können – es wäre gut, wenn sie auch einen Blick in die total überfüllten Strafvollzugseinrichtungen werfen könnten.

Wird es in den Tagen der Begegnung mit den ökumenischen Gästen mutige Christen geben, die zum Ausdruck bringen, wie viele Menschen aus unserm Land in den letzten Jahrzehnten an der Mauer nach Westberlin oder an der Grenze zur BRD erschossen worden sind? Wird den Gästen berichtet werden, in welcher Weise in unserem Staat Menschenhandel betrieben wird, wie viele Menschen und zu welchen Preisen in die BRD verkauft wurden (entsprechende Zahlen lassen sich besorgen)? Wird den Gästen offen erzählt werden, dass Tausende politische Gefangene in unseren Strafvollzugseinrichtungen leben müssen?

Wenn wir Ungerechtigkeit in unserem Land ohne Furcht beim Namen nennen, geschieht ein wesentlicher Dienst für die Gerechtigkeit.

Die Tatsache, dass die Ungerechtigkeit im Dritten Reich noch ganz andere Ausmaße hatte, sollte wir uns nicht daran hindern, Verbrechen in unserem Lande beim Namen zu nennen. Wir stehen als Kirche in der Gefahr, aus taktischen Gründen zu schweigen und damit schuldig zu werden. Es ist meine Bitte, dass die Möglichkeit der Begegnungen mit anderen Christen auch dazu genutzt wird, ein echtes Bild von den Verhältnissen in unserm Staat zu zeichnen, also auch die finsteren Seiten. Verstehen Sie bitte diese Zeilen als einen Versuch, einen Beitrag für die Gerechtigkeit in unserm Land zu tun, für Gerechtigkeit zu der wir von Gott berufen sind.

Mit herzlichen Grüßen Eberhard Heiße, Marienberg, den 16.07.1981

Die Soldatenmutter vom Panzerregiment

Das Panzerregiment „Max Roscher" in Marienberg ist DDRweit berüchtigt. Der Standort hat den wenig charmanten Untertitel „Gebirgsscheißhaus". 2000 Soldaten und Offiziere leben hier, Tag und Nacht bereit, den Sozialismus zu verteidigen. Die Kasernen liegen dicht am Stadtkern, an der Straße nach Karl-Marx-Stadt. Das Leben in der Nationalen Volksarmee (NVA) ist nicht zu vergleichen mit dem Leben in der Bundeswehr. Zu allem Drill kommt der politische Druck. In den 18 Monaten Wehrdienst sollen junge Männer durch entsprechende Schulung erzogen werden, zum abgrundtiefen Hass auf den Klassenfeind, der „all das Gute und Schöne im Sozialismus" zerstören will. Aber der Klassenfeind lauert nicht nur jenseits der Schutzmauer in Berlin und der scharf bewachten Grenze, die sich durchs Land zieht. Nein, auch innerhalb unserer „geliebten" DDR lauert die Gefahr. Mitunter getarnt mit dem Deckmantel der Religion. Höchste Wachsamkeit ist geboten, den Feind zu erkennen und die Gefahr abzuwenden. Es ist deshalb notwendig, dass die Offiziere ihre ideologische Pflicht erkennen. Ihnen zur Seite stehen die Genossen vom Staatssicherheitsdienst. Abschreckend wirkt das Wort „Schwedt". Die berüchtigte Stadt mit dem Knast für „militärische Straftäter". Nicht zu Unrecht werden furchtbare Dinge von diesem Strafvollzug erzählt. Die Bemerkung: „Du willst wohl nach Schwedt?" macht jeden in der Kaserne gefügig. Keiner will nach Schwedt. Alles, nur das nicht! So leben sie, mehr oder weniger gedemütigt und zählen die Tage bis zur Entlassung.

Wie überall in den Kasernen der Welt gibt es viele Probleme bei den jungen Männern. Da gehen Partnerschaften auseinander, da gibt es Spannungen und Reibereien in den Stuben und vieles mehr. Militärseelsorger gibt es nicht in der NVA. Schon aus finanziellen Gründen nicht. Der Staat ist arm, denn er braucht Unsummen für die Bezahlung der Stasi-Mitarbeiter. Die Kirche hat keinerlei Einkommen aus Kirchensteuern, denn die gibt es in der DDR nicht. Entscheidend dafür sind natürlich die ideologischen Gründe. Schon

Der Landser

Die Stadt ist fremd, der Wind weht kalt,
nun ist der Tag zu Ende bald,
und ich geh' einsam durch die Straßen.
Die Gassen leer, die Zeit verrann.
Wo geh' ich hin? Was fang ich an?
Dunkelheit nun bricht herein,
da blendet mich ein heller Schein.
Ich finde mich in froher Runde;
daheim war ich in diesem Bunde.
Die Nacht ist klar, der Mond scheint hell,
ich laufe durch die Straßen schnell,
bemerke weder Frost noch Schmerzen -
spüre Freude im Herzen.

Abschiedsgeschenk eines Soldaten

der Gedanke an Militärseelsorger in der DDR ist undenkbar.

Liebe macht erfinderisch. Es entsteht im Kreis der Jugendwarte eine Aufstellung sämtlicher Kasernen auf dem Boden unserer Republik. Schon das ist ein gewagtes Unternehmen und kann als extrem staatsfeindlich gewertet werden. Der zweite Schritt: Die Suche nach bewusst christlichen Familien in der Nähe der Kasernen. Menschen, die zu unterschiedlichen Kirchen und Glaubensgemeinschaften gehören. Wichtig ist ihre Bereitschaft, für die Soldaten da zu sein. Das Einzugsgebiet der Marienberger Kaserne liegt im Bereich Dresden–Görlitz. Wenige Tage vor ihrer Einberufung bekommen die zukünftigen Soldaten ihren Standort mitgeteilt. Ein paar Tage vor ihrer Abfahrt werden sie noch einmal in die Gemeinde eingeladen. Es gibt viel Zuspruch, Gebet, Hinweise. Es wird ihnen gesagt, dass sie unbedingt ihre Bibel mitnehmen sollen. Am ersten Tag in der Kaserne muss „auf der Bude" (Übernachtungsraum) allen klar sein, dass sie Christen sind. Später fällt es sonst immer schwerer. Jetzt werden die Zettel ausgeteilt mit den Adressen der jeweiligen Familien im Standortbereich, wo sie Kontakt finden. Schreibt uns in der ersten Woche, wie es euch geht. Nun werden die jungen Männer unter Auflegung der Hände gesegnet und unter den Schutz Gottes gestellt.

So geschieht es in Görlitz, Dresden, Marienberg und vielen anderen Stellen im Land. Unser Leitsatz für die Brüder in Uniform ist einfach. Wir haben für die Soldaten jederzeit eine offene Tür, ein offenes Herz, einen offenen Kühlschrank, eine offene Bibel.

Die Arbeit beginnt. Es klingelt an der Tür. Vor mir steht ein Soldat. Er stellt sich vor. „Ich komme aus Görlitz. Dort war ich in der Jungen Gemeinde. Bei der Verabschiedung habe ich ihre Anschrift bekommen." „Gut, dass Du da bist. Ich freue mich. - Komm rein." Stets nehmen wir die Brüder in Uniform in das schönste Zimmer unserer Wohnung. Im Wohnzimmer liegt ein Teppich, stehen Sessel, hängen schöne Bilder an der Wand, befindet sich ein Plattenspieler und der neue Kachelofen. Alles andere ist jetzt nebensächlich. Jetzt haben wir Zeit für unseren Bruder. Er macht es sich bequem, bekommt Tee und ein Abendbrot. Kann Musik hören nach Wunsch. Steht am Bücherregal und fragt, ob er sich eines der Bücher ausleihen kann. Schnell vergehen die Stunden. Immer wieder ein ängstlicher Blick auf die Uhr. Spätestens 24:00 Uhr muss jeder in der Kaserne sein. Jetzt ist noch Zeit ein Bibelwort zu lesen, darüber zu sprechen, Zeit für ein Gebet. An der Haustür kommt der Abschied. Im trüben Schein der Straßenlaterne geht der Weg durch die Nacht. Im Herzen aber ist ein Licht entzündet worden.

Konspirativer Soldatentreff

Eine Woche später sehen wir uns wieder. Er kommt nicht allein, hat entdeckt dass es in seiner Kompanie noch ein paar andere Christen gibt. Es entsteht eine kleine Soldatengemeinde. Grundsätzlich ist unsere Haustür Tag und

In unserem Wohnzimmer

Nacht sieben Tage in der Woche geöffnet. Für Donnerstagabend laden wir aber ganz besonders ein. Da trifft sich der „Ältere Kreis" der Jungen Gemeinde von Marienberg unten im Gemeinderaum. Gemeinschaft entsteht. Themen werden besprochen, in der Bibel nach Antworten gesucht, gesungen und gebetet. 21:30 Uhr schließt der Kreis und alle Soldaten erleben den zweiten Teil des Abends in unserem Wohnzimmer. Bald kommen auch die ersten Unteroffiziere mit. Es spricht sich nach und nach in der Kaserne herum, dass es in diesem sonst trostlosen Marienberg eine Oase gibt und die befindet sich in der Scheffelstraße.

Unser Soldatenkreis wird größer. Die Zeit vergeht schnell. Bald sind die ersten 18 Monate vorbei. Die ersten Soldaten werden entlassen. Wir feiern das erste von den später legendär gewordenen EK-Festen (EK = Entlassungskandidat). Und immer laden wir auch alle dazu ein, die einmal in der Kaserne in Marienberg waren. Sie freuen sich, diese Stadt einmal in Zivil zu betreten und alte Bekannte zu treffen. Die Entlassenen bekommen ihre EK-Zeitung mit vielen Fotos und Texten und das Stacheldrahtkreuz als Erinnerung an die Zeit hinter Stacheldraht. Eine ganze Rolle, in der BHG (Bäuerlichen Handelsgenossenschaft) gekauft, haben wir im Laufe der Jahre zu Kreuzen verarbeitet. Ein Mitarbeiter schneidet und schweißt die Kreuze zusammen. Für uns persönlich sollte das Stacheldrahtkreuz ein paar Jahre später noch ganz besondere Bedeutung bekommen.

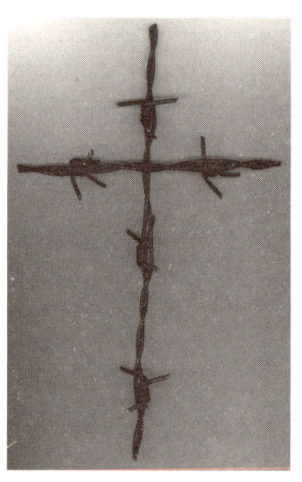

Stacheldrahtkreuz -
Trost und Hoffnung

Immer mehr wird Evilis zur Soldatenmutter des Panzerregiments. In welcher Weise sie sich in den 17 Jahren, in denen wir in Marienberg waren, in diesen Dienst hineingeopfert hat, ist unbeschreiblich. Schon aus diesem Grund hat sie später ihr Bundesverdienstkreuz mehr als verdient. Dass sie stets für die Soldaten ein schmackhaftes Abendbrot bereitet, ist wichtig aber nicht entscheidend. Wichtiger ist ihre offene Art, ihr Einfühlungsvermögen, ihre Bereitschaft zu helfen, zu trösten, immer wieder auch mit der Bibel in der Hand. Bergeweise wird Frust und verständlicher Hass gegen die vorgesetzten Offiziere abgebaut, neue Hoffnung weitergegeben, Niedergeschlagene werden aufgerichtet. Wichtig ist auch das unglaublich gute Personengedächtnis von Evilis. Soldaten sehen sich ja in ihrer Frisur und Uniform alle ähnlich. Ich habe große Probleme, sie zu unterscheiden. Ganz anders Evilis. Einmal gesehen und den Namen gehört, ist das für alle Zeiten eingeprägt. Dazu auch noch die Kompanie in der jeder lebt. So können gute Querverbindungen geschaffen werden.

Hirtenaktion

Zur Weihnachtszeit wird geschenkt. Bald führen wir unsere erste Hirtenaktion durch. Jugendliche aus dem älteren Kreis der JG sammeln sich am Heiligen Abend. Es ist 22:30 Uhr. Beladen mit geschmückten Päckchen und Kerzen ziehen wir los. Wir wollen alle besuchen, die Dienst haben, ihnen unsere Päckchen, Lieder und eine Kerze der Hoffnung schenken. So ziehen wir ins Krankenhaus zu den Nachtschwestern, besuchen verschiedene Pförtner und Taxifahrer. Einige Päckchen sind noch übrig. Einer hat eine scheinbar gute Idee. „Gehen wir doch zur Kaserne, da stehen auch immer zwei an der Pforte. Hirten gehen auch zu Soldaten." Bald sind wir da. Die Mädchen entzünden ihre Kerzen. Wie Engel stehen sie da. Die jungen Männer halten die Päckchen. Ich gebe den Einsatz zum Lied. Stille Nacht wollen wir singen. Wir nähern uns der Pforte. Da wird eine Tür aufgerissen. Ein Soldat reißt seine Maschinenpistole von der Schulter und bringt sie in Anschlag.

Und er schreit: „Verlassen Sie sofort das Armeegelände."
Eine groteske Szene. Unsere Mädchen löschen die Kerzen
und wir treten den Rückzug an. Hirtenaktionen haben wir
weiter jährlich durchgeführt. An der Kaserne waren wir
am Heiligen Abend nachts nie wieder. Später haben wir
erfahren, dass am 24.12. im gesamten Kasernenkomplex
erhöhte Alarmbereitschaft ist. Denn: Überall lauert der
Klassenfeind.

Aber Liebe macht erfinderisch. Unsere Brüder in der Kaserne wollen wir auf jeden Fall beschenken. Mit großer
Liebe werden Päckchen gepackt und mit Namen versehen.
Evilis macht sich am Nachmittag des Heiligen Abends auf
den Weg mit einer großen, schweren Tasche.

Illegale Zusammenrottung in der Kaserne

Einmal in der Woche mit Christen Gemeinschaft haben ist
vielen Soldaten zu wenig. So suchen sie nach neuen Möglichkeiten und finden sie. Irgendwo in der Kaserne gibt es
einen Kellerraum mit Stühlen. Dort kann man sich unge-
stört treffen. Und man trifft sich. Von dem Ganzen wissen
wir nichts. Man muss ja auch nicht alles wissen. Atemlos
kommt eines Tages ein Soldat zu uns gerannt. Er erzählt,
was am Vorabend geschehen ist. Etwa 20 Soldaten sitzen in
großer Runde zur Bibelbetrachtung. Plötzlich geht die Tür
auf. Ein hoher Offizier betritt den Raum. „Was machen Sie
hier?" „Buchbesprechung, Herr Offizier." Er tritt ein paar
Schritte näher und greift nach einem Buch. Eine Bibel. Sofort werden die Personalien aufgenommen. „Illegale Zusammenrottung" schreit der Offizier noch und verlässt den
Keller. 20 Soldaten müssen am nächsten Tag Marienberg
verlassen. Sie werden, verteilt über die ganze Republik, in
anderen Kasernen angesiedelt und können dort die gute
Nachricht von Jesus verbreiten und Niedergeschlagene
aufrichten und trösten.

Todesmarsch

Ein paar Jahre später geschieht an einem Abend Furchtbares. Eine Kompanie Soldaten marschiert von der Kaserne
aus auf der Straße in Richtung Reitzenhain zum Schießplatz
„Gelobtland“. Nachtschießen ist angesagt. Die Soldaten
marschieren in Dreierreihe in ihren schwarzen Monturen.
Die Nacht bricht herein. Es gibt Nieselregen. Die Kompanie erreicht die Waldgrenze. Die Straße hat die Steigung
verloren. Hinter der Kompanie taucht ein schwerer LKW
von der Forstwirtschaft auf. Er bekommt Gegenverkehr
und wird geblendet. Die Ereignisse überschlagen sich. Da
versäumt wurde, die Letzten im Zug mit „Katzenaugen“
auszurüsten, heben sich die schwarzen Uniformen im
Zwielicht bei Gegenverkehr und Nieselregen kaum von
der Straße ab. Der LKW rast in die Kompanie und mäht
zwei Reihen von hinten bis vorn nieder. Viele sind sofort
tot, andere schwer verletzt. Stahlhelme schneiden das Ge-
nick durch. Die Straße wird zum Blutbad. Entsetzen breitet
sich bei den Überlebenden aus. Der leitende Offizier bricht
das Schweigen und befiehlt: „Zuerst die Waffen sicher stellen.“ Und während junge Soldaten verbluten, suchen die
Überlebenden im Straßengraben und zwischen den Ver-
wundeten nach zerbeulten Gewehren. Wenig später rollen
die Sanitätswagen.
Aus Dresden kommt per Hubschrauber ein General. Die
Krankenhäuser in der Umgebung füllen sich. In den Medi-
en wird alles verschwiegen. Auch die Tatsache, dass später
im Prozess der LKW Fahrer zu einer hohen Gefängnisstraße
verurteilt wird, obwohl nachweisbar der Offizier der Kompanie die Schuld trägt, weil er keinerlei Beleuchtung der
hintersten Reihe veranlasst hat. Am nächsten Abend trifft
sich die Junge Gemeinde. Einige Überlebende der Kompanie sind auch gekommen. Vollkommen fertig sitzen sie mit
blassen Gesichtern da. Psychologische Betreuung können
wir nicht anbieten. Wir haben Besseres. An diesem Abend
lassen wir die Bibel in besonderer Weise zu uns sprechen.

Die Bibel mit der Botschaft von Tod und Leben. Getröstet verlassen die jungen Männer 23:45 Uhr unser Haus. Ehe die seelischen Wunden verheilen wird viel Zeit vergehen.

Fahneneid

Große Aufregung in der Kaserne. Einer hat kurz vor der Vereidigung mitgeteilt, dass er es kategorisch ablehnt, den Fahneneid der NVA zu sprechen. Als er gefragt wird, wie er zu diesem Entschluss kommt, klärt er den Sachverhalt: „Der Fahneneid beinhaltet unbedingten Gehorsam zu den Vorgesetzten. Nachdem ich in den letzten Tagen meine Vorgesetzten kennengelernt habe, kann ich diesen Eid nicht mehr sprechen." Sofort wird er aus der Kompanie genommen, ärztlich untersucht und auf den „Med. Punkt" (Krankenstation) gebracht. Krankenbesuche sind statthaft. Mit einem Blumenstrauß mache ich mich am nächsten Tag auf den Weg.

Tatsächlich werde ich eingelassen. „Aber nur für kurze Zeit", wird mir gesagt. Der Patient, ein junger Diakon, ist kerngesund. Wir sprechen miteinander. Wir beten gemeinsam. Schon öffnet sich die Tür. Im Befehlston ruft der Vorgesetzte in den Raum: „Gespräch sofort beenden." Ich segne noch meinen Bruder und verabschiede mich. Am nächsten Tag ist der junge Mann nicht mehr in Marienberg.

Wir spüren, dass sich dunkle Wolken zusammenschieben. Eines Tages und dann immer wieder patrouilliert an unserem Haus eine Streife der NVA auf und ab. Wir haben den Eindruck, dass nicht nur Christen in unserem Haus ein- und ausgehen. Aber wer ist es? Gott schenkt uns Gelassenheit. Wir sagen, was wir verantworten können. Wir verstehen uns nicht als Staatsfeinde, sondern als Boten Jesu. Unser Auftrag gilt allen, auch den Leuten von der Stasi. Erst beim späteren Einblick in unsere Stasiakten wird der Schleier entfernt.

Unsere „sowjetischen Freunde"

Sie beleben auch ab und zu die Innenstadt von Marienberg, unsere „sowjetischen Freunde". Im Reitzenhainer Wald, dicht an der tschechischen Grenze gibt es ein großes Sperrgebiet. Übungsgelände für Raketen, munkelt man. Die Kasernen der Sowjetarmee liegen in K.-M.-Stadt. So ergibt es sich, dass immer wieder mal Autokolonnen mit der Aufschrift „CA" durch unser Städtchen fahren. Regulierer haben für die notwendige Dreiseitensperrung zu sorgen. Wir wissen um die miserable Situation der einfachen Soldaten in russischer Uniform. Bei großer Kälte stehen die Regulierer in den Wintermonaten oft stundenlang im Schneesturm. Evilis wird vom Mitleid gepackt. „Die armen Jungs!" Bald kocht das Wasser für einen schmackhaften Tee auf dem Herd. Aber sie wird nicht nur für den durchgefrorenen Körper sondern auch

für die einsame, geschundene Seele sorgen. Irgendwoher haben wir Schriften in russischer Sprache. Teile vom Neuen Testament.

Im Nu sind die Thermosflasche mit heißem Tee, ein Becher und das Schriftenmaterial eingepackt. An der Straßenkreuzung ist gerade kein Autobetrieb. Vermutlich ist die Kolonne der CA-Autos auseinander gerissen. Die Gelegenheit ist günstig. Dankbar nimmt der Soldat mit einem „спасибо" den Becher entgegen und schlürft den köstlichen Tee. Motorengebrumm. Keine Zeit mehr fürs Trinken. Schon steht der Mann im braun-grauen Mantel wieder auf der Kreuzung und reißt die Arme auseinander. Die Autos rollen vorbei. Und die Schriften? Nur ein paar Sekunden ist Evilis traurig. Dann tritt sie mutig mit ein paar Schritten von hinten an den russischen Soldaten heran. Schnell sind die Bibelteile in kyrillischer Sprache zwischen Lederkoppel und

Mantel geklemmt. Sie wandern etwas später, als wieder eine Lücke in der Kolonne entstanden ist, in die Manteltasche. Die Aktion ist geglückt. Gott segne Sein Wort.

Brief an Erich Honecker vom 22. Juli 1984

Sehr geehrter Herr Staatsratsvorsitzender,
nachdem ich seit Monaten vergeblich versucht habe, entstandene Schwierigkeiten auf Kreisebene zu klären, sehe ich es als unumgänglich an, Ihnen zu schreiben.
Am 6.11.83 wollte ich mit meinem PKW in die benachbar-

te CSSR einreisen. Am Grenzübergang Oberwiesenthal wurde mir von den Zollbeamten die Einreise verweigert. Einige Tage später wiederholte sich dieser Vorgang am Grenzübergang Reitzenhain. Trotz wiederholter Bitte um die Begründung der Zurückweisung bekam ich keine Antwort. Am 13.4.84 wurde ich ebenfalls vom Grenzübergang Reitzenhain zurückgewiesen mit dem Hinweis, mir von der Volkspolizei in Marienberg Auskunft zu holen. Nach langer Wartezeit wurde mir dort mitgeteilt, dass die Volkspolizei mit dieser Angelegenheit nichts zu tun hat, mir aber das Recht auf Beschwerde zusteht. Am Freitag, dem 25. Mai wurde meiner Frau die Einreise in die CSSR verweigert. Die Zollbeamten gaben ihr auf Grund ihrer Anfrage den Hinweis, sich beim zentralen Stab der Grenztruppen zu informieren. Als dann meine Frau nach der Anschrift dieser Dienststelle fragte wurde ihr mitgeteilt, dass man diese Anschrift ihr nicht geben dürfe. Man verwies sie zum Volkspolizeiamt Marienberg. Dort erfuhr sie, dass die Volkspolizei mit dieser Angelegenheit nichts zu tun hat.

Seit November `83 versuche ich ein klärendes Gespräch mit dem Vorsitzenden des Rates des Kreises Dr. Uhlmann. Ohne Erfolg. Auf Grund meiner schriftlichen Anfrage und Bitte um ein Gespräch vom 8.3.84 wurde mir am 15.3. vom Rat des Kreises mitgeteilt, Herr Dr. Uhlmann hätte vor den Wahlen keine Zeit für ein Gespräch mit mir. Am 30.5. wendete ich mich erneut schriftlich an den Vorsitzenden des Rates des Kreises mit der Bitte um ein Gespräch. Bis heute habe ich weder schriftlich noch telefonisch eine Antwort auf dieses Schreiben bekommen obwohl ich am 26.6. einen Durchschlag dieses Schreibens persönlich bei der Sekretärin abgegeben habe. Seit Monaten suche ich ein sachliches Gespräch mit staatlichen Stellen über mich bewegende Fragen und es ist nicht möglich. Die unbegründete Zurückweisung an der Grenze zur CSSR und das Verhalten staatlicher Stellen in dieser Frage wirken vertrauenszerstörend.

Im Artikel 30 unserer Verfassung heißt es:

„1. Die Persönlichkeit und Freiheit jedes Bürgers der DDR sind unantastbar.

2. Einschränkungen sind nur im Zusammenhang mit strafbaren Handlungen oder einer Heilbehandlung zulässig und müssen gesetzlich begründet sein. Dabei dürfen die Rechte solcher Bürger nur insoweit eingeschränkt werden, als dies gesetzlich zulässig und unumgänglich ist.

3. Zum Schutze seiner Freiheit und der Unantastbarkeit seiner Persönlichkeit hat jeder Bürger den Anspruch auf die Hilfe der staatlichen und gesellschaftlichen Organe."

Ich weiß mich durch die Maßnahmen an der Grenze in meiner Freiheit eingeschränkt und möchte hiermit um eine Begründung bitten und die Hilfe der staatlichen Organe in Anspruch nehmen. In der Strafprozessordnung heißt es im „§ 6, 1.: Kein Bürger darf unbegründet einer Straftat beschuldigt oder außer unter den gesetzlich bestimmten Voraussetzungen in seiner persönlichen Freiheit beschränkt werden…".

Solange uns niemand sagt, weshalb unsere Einreise in die CSSR nicht mehr möglich ist, wird weiter Raum für alle möglichen Vermutungen sein. Als Bezirksjugendwart der evangelischen Kirche habe ich einen sehr weiten Bekanntenkreis. Bis vor einiger Zeit habe ich das Einreiseverbot in die CSSR als eine vorübergehende Maßnahme bezeichnet. Leider ist der Eindruck entstanden, dass dies nicht nur völliges Unverständnis sondern Empörung auslöst.

Wenn ein kirchlicher Mitarbeiter unbegründet in seiner gesetzlich zugesicherten Freiheit behindert wird, wird dieses von vielen als Maßnahme gegen die Kirche verstanden.

Auch in diesem Jahr nahm ich an Treffen mit kirchlichen Vertretern aus anderen Ländern teil. Weitere Begegnungen sind für den Herbst geplant. Bei solchen Gesprächen mit ökumenischen Gästen wird u.a. auch immer wieder nach den Reisemöglichkeiten gefragt. Sie werden verstehen, dass ich den Gästen die Wahrheit sage.

Nur durch Gespräche können Spannungen und Vorurteile abgebaut werden. Ich bin zu solchen Gesprächen mit staatlichen Stellen zu jeder Zeit bereit und bitte Sie darum, diese zu ermöglichen. Ich bitte darum zu veranlassen, dass das unbegründete Verbot unserer Einreise in die CSSR möglichst umgehend aufgehoben wird.

Als Mitglied der Landesjungendkammer der evangelisch lutherischen Landeskirche in Sachsen würde ich gern bei der nächsten Jugendkammersitzung im Herbst den Vertretern des Landeskirchenamtes in Dresden mitteilen, dass diese Angelegenheit positiv geklärt ist.

Herzlichen Dank für Ihre Hilfe zur Verständigung. Hochachtungsvoll, Eberhard Heiße, 22.Juli 1984

Ein Panzer wird gesprengt

Eine unglaubliche Nachricht erreicht uns. Von den Medien verschwiegen, wird sie von Mund zu Mund weitergegeben. Was ist passiert? In Karl-Marx-Stadt, Frankenberger

Ecke - Dresdner Straße steht auf einem Betonsockel, wie in vielen anderen Städten in der DDR ein gewaltiger Panzer T 34. Ein sowjetisches Ehrenmal zur Erinnerung an den so genannten „Tag der Befreiung" am 8.Mai 1945. Tausende gehen oder fahren täglich an diesem Denkmal vorbei. Denken sich dabei nichts mehr, haben sich daran gewöhnt, wie an so vieles in der DDR.

Einer muss täglich diesen Platz überqueren. Er denkt sich was am Denkmal. Für ihn ist dieser Panzer ein Symbol des Unrechtsstaats DDR. 1975 schimpft er öffentlich über die SED, die Sowjetunion, die geheimen Gefangenenlager mit ihren unmenschlichen Bedingungen. Das reicht für eine Verhaftung und eine Strafe von 10 Monaten Gefängnis. In Aldersleben erhält er, wie alle, die durch den Strafvollzug mussten, den Blick hinter die Fassade. „Die 10 Monate", sagt er später, „haben meine Seele verätzt." 1979 marschieren russische Truppen in Afghanistan ein. Die Abneigung, der Hass gegen das Regime wächst. Und immer wieder muss er am Panzerdenkmal vorbei. Da wird eine Idee geboren und einige Monate später wird aus der Idee die Tat.

Am 9. März 1980 ist furchtbares Wetter. Schneeregen, Sturm. Der Mann weiß, heute ist der Tag. Es wird Abend, die Straßen sind menschenleer. Kein Mensch soll zu Schaden kommen, das ist sein fester Grundsatz. Ein Trabant steuert über die Straße zum Panzerdenkmal. In der Mitte der linken Seite zwischen die Panzerketten wird der Sprengsatz angebracht. Der Zünder wird eingestellt, der Mann eilt zum Auto. Wenige Minuten später erschüttert eine gewaltige Detonation den Stadtteil. Überall werden Scheiben eingedrückt. Ein 250 kg schweres Rad wird aus dem Panzer herausgerissen und 50 m über die Straße geschleudert. Der schwere Panzer bleibt stehen. Aber er wurde erschüttert. Das SED-System bleibt auch bestehen. Aber es wurde erschüttert.

Fieberhaft sucht die Stasi nach dem Täter. 6.000 Fahnder sind mit dem Vorgang „Operativer Vorgang Panzer" beschäftigt. Monatelang dauert die verzweifelte Suche, endlich wird man fündig. Am 18.8.1980 schlägt die Stasi zu. Joseph Kneifel wird verhaftet. Im gleichen Zug seine Frau und der Sohn. An diesem Abend fließt in der Stasizentrale Karl-Marx-Stadt der Sekt in Strömen. Per Flugzeug wird die Eilmeldung zu General Erich Mielke gebracht.

„Operation Panzer" erfolgreich beendet. Am 9. März 1981, genau ein Jahr nach Joseph Kneifels Verhaftung wird er zu lebenslanger Haft verurteilt, seine Frau zu 2 Jahren Gefängnis. Joseph kommt in den Strafvollzug Brandenburg in Einzelhaft. Irmgard, seine Frau, ins Frauengefängnis Hoheneck bei Stollberg. Trotz Einzelhaft spricht es sich in Brandenburg von Zelle zu Zelle herum, dass Joseph Kneifel der Panzersprenger in ihrer Mitte ist. In einer der Zellen lebt in dieser Zeit unser Sohn Stephan. Irmgard Kneifel lernt bald in Hoheneck unsere Tochter Susanne kennen. Es kommt zu freundschaftlichen Gesprächen, Irmgard Kneifel erhält unsere Anschrift von Marienberg. Die Jahre vergehen. Susanne lebt in westlichen Gefilden, Frau Kneifel wird nach Karl-Marx-Stadt entlassen. Dort kennt sie niemand mehr. Selbst alte Bekannte und Freunde wenden sich von ihr ab, gehen auf die andere Straßenseite. Jeder ahnt und weiß, jetzt steht Irmgard Kneifel unter ständiger Beobachtung. So ist es auch. Eines Tages steht sie vor unserer Wohnungstür. Bald sitzen wir bei einer Tasse Kaffee in unserem gemütlichen Wohnzimmer. Wir spüren ihre Erleichterung, endlich wieder mit Menschen reden zu können. Es gibt viel zu erzählen. Von Hoheneck, von ihrem Mann, der inzwischen im Strafvollzug Bautzen im „Gelben Elend" unter furchtbaren Bedingungen leben muss. Schnell vergeht die Zeit. Vor der Verabschiedung liest Evilis das Wort der Herrnhuter Losung und wir spüren, dass Irmgard eine gläubige Frau ist. Mit der Einladung, dass sie uns jederzeit besuchen kann und einer herzlichen Umarmung, trennen wir uns.

Irmgard besucht uns. Mindestens einmal in der Woche, mitunter zweimal. Wir spüren, wie wichtig ihr diese Begegnungen sind. Es lässt sich einrichten, dass sie eines Tages sogar für eine Woche mit Evilis zu „Stillen Tagen" in ein kirchliches Heim fahren kann. Oase für eine zerschundene Seele. Die Berichte Irmgards von Besuchen in Bautzen erschüttern mich. Eines Tages kommt die Mitteilung, dass Joseph wegen verweigerter Nahrungsaufnahme und totaler körperlicher Schwäche ins Gefangenenkrankenhaus nach Leipzig-Meusdorf überwiesen wurde. Dort gelingt es ihm, über einen Pfleger einen Brief herauszuschmuggeln. Er gelangt in die Hände seiner Frau und später zu uns. Ich bin aufs Tiefste erschüttert. Alle Berichte über KZ-Methoden werden übertroffen. Schlafen auf feuchtem Betonboden ohne Decke und Matratze. Tägliche Quälereien und körperliche Misshandlungen. Sein Leben wird zur Hölle. Bis 1987 wird er in Isolierhaft in einem winzigen Loch ohne Fenster und Tageslicht gefangen gehalten. Keine Bücher, kein Radio, kein Gespräch. Er wird verprügelt, gegen das Zellengitter geworfen. Beim Hofgang, oft wird ihm das verwehrt, findet er eine Scherbe. Er ritzt damit die Wände voll Beschimpfungen gegen die Staatsordnung. Sein Hass ist endlos, sein Körper nur noch ein zerschlagenes Bündel geworden, 50 kg schwer. Anfang 1987 bricht er zusammen. Immer wieder halte ich den Brief in den Händen. Ob man Joseph in diesem Gefangenen-Krankenhaus wieder aufbauen kann?

Wir müssen handeln!

Das Wichtigste ist das Gebet. Jeden Abend beten wir mit den Kindern beim Schlafengehen. Das macht Evilis, da ich meistens in einer Gemeinde beim Jugendabend bin. Nun wird es zu einer guten Gewohnheit, dass nicht nur für die Geschwister im Gefängnis gebetet wird, sondern auch für Joseph Kneifel und für alle in den Gefängnissen. – Ist es die

Frucht des Gebetes, dass Joseph Kneifel heute noch lebt? – Wir müssen handeln! In der Schuhsohle eines Westbesuchs schmuggeln wir die Kopie des Lageberichts Bautzen über die Grenze in die Bundesrepublik an die dortige Zentrale von AI (Amnesty International). Wir müssen etwas tun! In einem Brief an das Landeskirchenamt in Dresden bitte ich um ein dringendes persönliches Gespräch mit dem Landesbischof. Ein paar Tage später sitzen wir uns in seiner Wohnung gegenüber. Das Gespräch erstreckt sich über drei Stunden. Ich schildere die Situation der Strafvollzugseinrichtungen wie sie bei unseren Kindern kenne und dann die dramatische Situation in Bautzen II. Mein Anliegen: Die Bitte um eine Kanzelabkündigung in allen sächsischen Kirchen. In ihr soll auf die unmenschliche Situation im Strafvollzug der DDR hingewiesen werden. Die Abkündigung soll, ganz im Sinne der Bibel, ein Appell für Menschlichkeit, für Gerechtigkeit sein. Wie wichtig auch unser Kampf für Gerechtigkeit in Südafrika und Chile ist. Unser besonderer Einsatz für Gerechtigkeit muss im eigenen Land beginnen. Ich fühle mich beim Landesbischof verstanden und höre nun seine Entgegnungen. „Ein solcher Schritt ist der Schritt zum Kalten Krieg zwischen Kirche und Staat. Hilft uns das weiter?" – „Aber in Polen!" – „Ja, in Polen ist eine völlig andere Situation. Bruder Heiße, ich verstehe Sie, aber versuchen Sie bitte auch mich zu verstehen. Wir versuchen es in einzelnen Situationen in zähen Verhandlungen und hoffen, wir tun es erfolgreich. Wir werden versuchen, die Haftzeit Ihres Sohnes zu verkürzen. Ich werde mich auch für Joseph Kneifel einsetzen. Konfrontation hilft uns nicht weiter." In Ruhe werden auch meine neuen Entgegnungen gehört. Das Gespräch wird mit einem gemeinsamen Gebet beendet. Bei der Verabschiedung unter der Tür, mir ist diese Situation noch ganz gegenwärtig, höre ich die Worte: „Vielleicht haben Sie auch Recht, ich weiß es nicht, ich weiß es nicht." Die Haftzeit für Stephan, unseren Sohn, wird tatsächlich verkürzt.

Was wird mit dem Panzersprenger?

Am 13.7.1987 kommt es nach vorherigen Verhandlungen zu einem Besuch von Landesbischof Hempel bei Joseph Kneifel in Bautzen. Schon Tage vorher wurden die Haftbedingungen überraschend verbessert. Jetzt tritt der Landesbischof auf Joseph Kneifel zu, umarmt ihn und sagt: „Bruder Kneifel, ich bringe Ihnen das Angebot des Staatsratsvorsitzenden. Sie sind frei und dürfen mit Ihrer Frau in die BRD ausreisen." Nach vielen Jahren kommen ihm zum ersten Mal die Tränen. Das MfS (Ministerium für Staatssicherheit) übernimmt den Transport von Bautzen nach Eisenach, in Karl-Marx-Stadt darf seine Frau zusteigen. Von dort wird er in den Wagen des Landesbischofs übernommen und nach Bayern in eine große Klinik der Diakonie in Schwarzenbruck gebracht.

Das Wunder geschieht. Durch Gebet und intensive Behandlung gelingt es den Ärzten das Menschenwrack am Leben zu erhalten. Bewegende Stunden, als wenige Monate nach der friedlichen Revolution, am 9.3.1990, Joseph Knei-

Stephan Heiße (links), Joseph Kneifel (2.v.l.) mit Sachsenfahne

fel und seine Freunde am Betonsockel des T 34 ein Schild anbringen: „10 Jahre aktiver Kampf gegen stalinistische Aggression und Unterdrückung." Im Juli 1991 wird mit einem gewaltigen Kran das Ungetüm aus Stahl vom Sockel gehoben und verschrottet. Bewegende Stunden als Joseph Kneifel meiner Einladung gefolgt ist und im überfüllten Saal der Gaststätte „Erzhammer" in Annaberg-Buchholz aus seinem Leben und Leiden einem erschütterten Publikum erzählt. Zu Ehren seiner tapferen Frau Irmgard, die am 2. April 1993 verstarb, entzünden wir zu Beginn des Abends eine große, weiße Altarkerze.

Der sich nicht fügen wollte

Vor 25 Jahren verübte Josef Kneifel das einzige Bombenattentat in der DDR – er be:

Aus Hass auf das Regime versuchte er, ein Denkmal in die Luft zu sprengen. Für die Tat bekam er das Urteil lebenslang, Isolationshaft und viele Schläge.

VON BERNHARD HONNIGFORT

Das Wetter ist furchtbar am 9. März 1980. Es ist Sonntag und Schneeregen geht über Westsachsen nieder. Den ganzen Tag wird es nicht richtig hell. Abends läuft ein Krimi im DDR-Fernsehen, „Polizeiruf 110". Auf solch einen Tag hat Josef Kneifel lange gewartet. Niemand wird draußen unterwegs sein. Keine Spaziergänger, keine Autofahrer. Wer kann, ist zu Hause im Warmen. Genau der richtige Tag, um die Bombe zu zünden. Gegen 21 Uhr verabschiedet sich Josef Kneifel von seiner Frau Irmgard. „Mach's gut, ich geh' jetzt."

Sie leben in

> Der Sozialismus hat mich zum Terroristen gemacht
> JOSEF KNEIFEL

einem Häuslerhaus in Niederlichtenau bei Karl-Marx-Stadt (heute: Chemnitz), in der Erdbeersiedlung. Viel Garten, Rosen, ein Springbrunnen. Josef Kneifel holt den Sprengsatz aus dem Versteck im Pumpenschacht, befestigt die Papiernummernschilder an seinem aschgrauen Trabant, lädt die

Josef Kneifel heute   B I L D : HF

boren 1942 in Niederschlesien. 1,78 Meter groß, 68 Kilo leicht, Haut und Knochen. Der Mann ist körperlich ein Wrack. Der kantige Glatzkopf voller kleiner Narben, die zertretenen Rippen schief zusammengewachsen, die Nieren in feuchtkalten Gefängniszellen zerstört, an den Unterarmen noch die Spuren der Handschellen.

Sein Leben war ein normales Leben in der DDR. Aufgewachsen bei Pflegeeltern in Sachsen, Schule, Fleischerlehre, später Lehre als Dreher. Arbeit im VEB „Erste Maschinenfabrik Karl-Marx-Stadt". Mit

und des Bestochenwerdens, um Alltäglichkeiten zu erhalten, die Demütigung vor den Ämtern, das Kuschen vor der Partei."

1972 stellt er einen Ausreiseantrag. 1975 schimpft Kneifel öffentlich über die SED, die Blockparteien, die DDR-Gewerkschaften, die Sowjetunion mit ihren Gulags. Einige Wochen später erscheint die Kriminalpolizei, Kneifel gibt alles zu. Am 28. August 1975 verurteilt ihn ein Gericht zu zehn Monaten Gefängnis. Er kommt nach Magdeburg, ins Außenlager Al-

wie er. 19 schmiede Bombe gas. Nur Horst. Ku nicht er 1979 mar Afghanis März 19 Zehn Mil

> Normalerweise hätten

Neue Chancen
(Annaberg 1988-1999)

St. Annen – ein Traum.

1988 wird mein 55. Geburtstag gefeiert. Die große Frage: Wie geht es weiter? Als Bezirksjugendwart bis zur Rente im Einsatz bleiben? Oder tut sich noch ein neuer Weg auf? In die Überlegungen hinein kommt die Anfrage von der Kirchgemeinde St. Annen in Annaberg-Buchholz. Wir suchen ab sofort einen neuen Gemeindediakon. Schwerpunkt des Dienstes ist die Jugendarbeit. Wir fragen, beten, überlegen. Es gibt Informationen und ein Vorstellungsgespräch. Noch andere Bewerber interessieren sich für diese Stelle. Wir legen die Entscheidung in Gottes Hand und das gibt uns Gelassenheit. Gott hat uns bis hierher geführt und sicher wird er es auch weiter tun. Eines Tages kommt die Nachricht von St. Annen. „Wir freuen uns auf Ihren Dienst." Wieder einmal geht es ans Einpacken, Wohnung vorbereiten, verabschieden. 17 Jahre waren wir in Marienberg, und so fällt es besonders schwer, sich zu lösen. Wieder mal steht das große Möbelauto vor der Tür und die Abschiedstränen fließen. Die Fahrt geht in Richtung Süden. Im Haus der Diakonie, Untere Schmiedegasse 20, ganz unterm Dach finden wir unser gemütliches Nest. Das neue Einleben beginnt. Wie schon so manches Mal geht es in meinem Leben durch ziemliche Krisen. Gott führt mich hindurch. Das „geknickte Rohr" wird er nicht zerbrechen. Mit welcher Weisheit hat Gott mir dieses Wort bei meiner Bekehrung ins Herz gelegt.
Nach und nach fordert mich der Dienst immer stärker und ich habe gar keine Zeit mehr für dunkle Gedanken.

Geschwister stehen mir zur Seite. Fürbitte trägt mich hindurch. Bei aller Unterschiedlichkeit der Mitarbeiter erleben wir in Annaberg eine erstaunliche, frohmachende Einigkeit im Blick auf die Zielvorstellungen unseres Dienstes. Auch das Miteinander verschiedener Glaubensgemeinschaften, Katholiken, Methodisten, Adventisten, Baptisten, Pfingstler und Lutheraner ist vom Gedanken der Einheit und Liebe geprägt. Das ist gut. Das macht Mut. Das baut auf.

Der Schwerpunkt meines Dienstes ist wieder die Jugendarbeit. Es bestehen lebendige Kreise der Jungen Gemeinde, die nun weitergeführt und ausgebaut werden sollen. Zu meinen Aufgaben gehören Führungen in der traumhaft schönen St. Annenkirche, eine der schönsten spätgotischen Hallenkirchen Deutschlands. Tagtäglich stehen die Reisebusse in der großen Kirchgasse und die Touristen strömen in Scharen durch die weit geöffnete Tür ins Kircheninnere. Dort werden sie von uns freundlich begrüßt und die Führung beginnt. Zuerst wird die herrliche Kanzel erklärt und bestaunt, dann geht es zur schönen Pforte, dem ehemaligen Eingangsportal unseres Franziskanerklosters, zum Taufstein, zu den herrlichen Altären, zum riesigen Flies der Sandsteinplastiken an der Empore mit den Gestalten verschiedener Lebensabschnitte, dazwischen aber immer wieder der Blick in das traumhafte Schlingrippengewölbe der Decke. Jede Führung begeistert mich immer wieder aufs Neue und die Begeisterung springt über in die Besuchergruppe. Immer deutlicher wird mir, dass alles, was wir in dieser Kirche sehen, als gewaltige Predigt zu verstehen ist. Diese Botschaft gebe ich gern weiter und ich spüre, wie sie angenommen und als Hilfe erfahren wird. Wir erreichen Menschen, die sonst nie zur Kirche finden und können ihnen in dieser eiskalten Welt die wärmende und frohmachende Nachricht von der Liebe Gottes sagen. Manchmal gehen diese Führungseinsätze bis zum Rande der Erschöpfung. Mitunter komme ich halb erfroren aber stets glücklich von diesem Dienst nach Hause. St. Annen - der Dienst in deinen Mauern bleibt mir unvergesslich!

1989. Wir sind EIN Volk. Endlich!

Was 1989 in der DDR und in anderen osteuropäischen Ländern geschieht, ist ein von Gott gewirktes Wunder. Anders kann man sich das nicht erklären. Eine totalitäre Gesellschaftsordnung bricht innerhalb weniger Monate ohne Anwendung von Gewalt krachend in sich zusammen. Das gab es in der Menschheitsgeschichte noch nie.
Wie habe ich die politische Umwälzung in Annaberg im Erzgebirge erlebt? In den ersten Monaten dieses schicksalsschweren Jahres 1989 ist noch nichts zu ahnen und zu spüren im Blick auf das was kommt. Es geht alles seinen gewohnten, „sozialistischen Gang".

In den Schulen und Kasernen wird durch geschulte Agitatoren die Lehre von Karl-Marx weitergegeben, die, wie auf Transparenten zu lesen, allmächtig ist, weil sie wahr ist.

Der Staatssicherheitsdienst arbeitet mit deutscher Gründlichkeit und die Berge der Akten wachsen

„Junge Welt" 7. 10. 1989

Zum 72. Jahrestag der Großen Sozialistischen Oktoberrevolution fand eine Festveranstaltung am Montag in der Deutschen Staatsoper Berlin statt. In einem Glückwunschtelegramm bekräftigten Egon Krenz und Willi Stoph die Unterstützung der DDR für den Kurs des XXVII. Parteitages der KPdSU.

Bertolt Brecht

Der große Oktober

O großer Oktober der Arbeiterklasse!
Endliches Sichaufrichten der so lange
Niedergebeugten! O Soldaten, die ihr
Endlich die Gewehre in die richtige Richtung gerichtet!
Die den Boden bestellten im Frühjahr,
Taten es nicht für sich selber. Der Sommer
Beugte sie tiefer. Noch die Ernte
Ging in die Scheuern der Herren. Aber der Oktober
Sah das Brot schon in den richtigen Händen!

Seitdem
Hat die Welt ihre Hoffnung.
Der Kumpel in Wales und der mandschurische Kuli
Und der pennsylvanische Arbeiter, der unter dem
Hund lebt,

Und der deutsche, mein Bruder, der jenen
Noch beneidet: sie alle
Wissen, es gibt
Einen Oktober.

(Auszug)

ins Unermessliche. An der trennenden Mauer in Berlin und allen innerdeutschen Grenzen stehen die Soldaten der NVA. Sie sind Tag und Nacht bereit, wehrlose Menschen, die das „sozialistische Paradies" verlassen wollen in den Strafvollzug zu bringen oder zu erschießen. Nach wie vor gibt es keine Pressefreiheit, keine Meinungsfreiheit, keine Reisefreiheit. Ähnlich wie beim Untergang des Dritten Reiches werden noch wenige Wochen vorher sieghafte Parolen weitergegeben.

Und doch, einiges ist ungewohnt. In unserem großen „sozialistischen Bruderland", der Sowjetunion scheint sich ganz offensichtlich manches zu verändern. Der Name Gorbatschow löst Verwunderung, Bewunderung und bei den überzeugten Genossen Beunruhigung aus. Das festgefügte System scheint sich zu lockern. Wohin soll das alles führen?

Diese Aufnahme stammt von einer Sommerrüstzeit 1989 in Großbreitenbach. Die Inschrift des Denkmals: „Die Lehre von Marx ist allmächtig, weil sie richtig ist." Noch kein Mensch konnte wissen, dass noch im selben Jahr Montagsdemonstrationen stattfinden werden und die Macht des Sozialismus in der DDR zerbrechen wird.

Während des Sommers führen wir unsere Bibelrüstzeiten in gewohnter Weise durch. Wir haben keine Zeit, uns mit der politischen Entwicklung zu beschäftigen und doch spüren wir, es knistert in der Luft. - Ein Erdbeben setzt ein, eine Lawine löst sich.

Bald überschlagen sich die Ereignisse. An den Straßen zur CSSR stehen lange Reihen leer stehender Trabis. Die Besitzer sind über die Grenze geflohen in Richtung Prag. Dort gibt es eine deutsche Botschaft, eine offene Tür zur Freiheit. Andere strömen in Zügen nach Ungarn, auch dort scheint sich eine Tür zu öffnen. Es kommt in Berlin und anderen Städten zu den ersten Friedensgebeten. Es wird gesungen, gebetet, aber es kommt auch zu innerkirchlichen Protesten.

Der gut organisierte „40. Geburtstag der DDR" mit vielen Fahnen und einer großen Militärparade in Berlin beinhaltet zugleich die ersten zaghaften Demonstrationen von DDR-Bürgern, die auf Veränderung drängen. Die prophetischen Worte von Gorbatschow „Wer zu spät kommt, den

„Junge Welt" 7. 10. 89

40. Geburtstag der DDR: Gute Bilanz und wärmende Begegnungen, stolzes Bekenntnis und sachliche Besinnung ● Erich Honecker und Michail Gorbatschow: Worte zum Jubiläum● Über 100 000 FDJler beim Fackelzug ● Wir haben viel vor mit uns — deshalb:

Der Zukunft zugewandt

bestraft das Leben" werden von den Verantwortlichen im Staat entweder falsch verstanden oder überhört. Leipzig wird zum Brennpunkt. Nach den Friedensgebeten in der Nikolaikirche, in der immer wieder zur Gewaltlosigkeit aufgerufen wird, strömen die Massen auf die Straßen, vermischen sich mit 100.000 anderen und ziehen durch das Zentrum der Stadt. Die „Bewaffneten Organe" der DDR sind in höchster Alarmbereitschaft und bereit, die Errungenschaften des Sozialismus „auch mit der Waffe" in der Hand zu verteidigen. Sie sind gewohnt nur auf Anweisung zu handeln, sie warten auf Anweisungen aus Berlin. Es kommen keine Befehle. Die Verantwortlichen scheinen wie gelähmt zu sein, unfähig jetzt noch zu entscheiden. Von Moskau kommen schon lange keine Impulse mehr. – Mit dem Gewehr im Anschlag wartet man, bereit zum Schießen. Aber es kommt kein Befehl. Die in den Krankenhäusern bereit gestellten Blutkonserven werden nicht gebraucht. – Gott sei Dank!

Zurück nach Annaberg, der Kreisstadt in den Wäldern des Erzgebirges. In unserer Wohnung gibt es Gespräche mit Albrecht Kämpf und anderen Mitgliedern der kleinen Umweltgruppe „Grünes Kreuz", die Evilis sehr bald nach unserem Umzug in Annaberg gegründet hat. Während sonst über die Jungwuchspflege der Lärchenbestände auf dem Pöhlberg oder in Buchholz gesprochen wurde, gibt es jetzt ganz andere Fragen und Probleme. Die ersten Listen vom „Neuen Forum" tauchen auf. Es geht um Unterschriften und Solidarisierung mit dieser Bürgerinitiative. Und es geht um Überlegungen zu der Frage: Wann und wo wird das erste Friedensgebet mit anschließender Demo (Demonstration) in Annaberg sein? Wir lesen in der Presse von gewaltigen Demonstrationen in Berlin, Leipzig, Plauen, Karl-Marx-Stadt.
Unser Volk richtet sich auf, lernt aufrecht und aufrichtig gemeinsam zu gehen. Ein Vorbereitungskreis in Annaberg entsteht. Männer und Frauen der evangelischen Kirche,

Geschwister der Methodistenkirche, der Baptisten, der Adventgemeinde. Eine Allianzbewegung bildet sich. Wir beten gemeinsam um richtige Entscheidungen. Endlich wird der Termin festgelegt, es ist der 4.11.1989. Aber wo werden wir uns treffen? Die große St. Annenkirche kommt aus verschiedenen Gründen leider nicht in Frage. Der Methodistenprediger bringt den Vorschlag: „Machen wir es doch bei uns!" Die kleine Friedenskirche am Emilienberg fasst etwa 300 Menschen. Sollten aber mehr kommen, könnten sie ja auf der umliegenden Wiese Platz finden. Und es kamen tatsächlich weit mehr als 300. Natürlich wollen wir auch die umliegenden Dörfer zu diesem Treff einladen. Aber wie? Keinerlei Medien stehen uns zur Verfügung. Das Wirksamste ist die „Mund zu Mund Propaganda". - Ein paar zentral gelegene Schaukästen der Kirchgemeinde gibt es auch.

Die Zeit eilt. Bis in die Nacht hinein male ich Plakate, alle mit derselben Gestaltung: Schwarzer Untergrund. Darauf weiße Kerzen und überdimensional 4.11. Etwas kleiner dann der Text: Friedensgebet in der Methodistenkirche Emilienberg. Die Plakate wirken. – Der Tag rückt näher. Trotz nasskaltem Wetter strömen schon vor Beginn der Veranstaltung die Menschen zusammen. – Fieberhaft werden immer neue Lautsprecher zusammengeholt und aufgebaut. Bald ist nicht nur die Kirche sondern auch das umliegende Freigelände mit dicht gedrängten Menschen überfüllt. Der Kreis der Verantwortlichen kommt noch einmal zu einer Besprechung zusammen. Wir sind uns eins in unserem Anliegen: Möchte Gott alles gewaltlos geschehen lassen. Wir sind eins in der Haltung, dass Christen auch eine politische Verantwortung für ihr Land tragen und dass wir jetzt gemeinsam handeln müssen. Obwohl wir nicht wissen, wie sich alles weiter entwickelt. Die Veranstaltung beginnt. Wir singen, beten, informieren, rufen zum gewaltfreien Handeln. Die Stimme der Lautsprecher klingt bis zum Theaterplatz der Stadt. Der einsetzende Sprühregen stört niemand. Endlich ist das letzte „Amen" gesprochen und die Menschen setzen sich in Bewegung. Die ersten Kerzen flammen auf. Transparente werden entrollt. Der endlos erscheinende Zug bewegt sich zum Tal, vorbei am Bahnhof Richtung Marktplatz. Immer wieder muss ich mich umschauen. Schon fast am SED Gebäude stelle ich fest, dass der große leuchtende Zug noch bis zum Emilienberg reicht. Die Kirche war doch etwas zu klein. Etwa 10.000 Teilnehmer sind unterwegs. Die Sprechchöre und Transparente bündeln die Erwartungen und Forderungen: „Freie Wahlen! Nieder mit der SED! Neues Forum zulassen! Stasi in den Tagebau! Demokratie - jetzt oder nie! Keine Gewalt! Wir sind das Volk!"

Auf einem Bettlaken, es ist nicht das einzige was wir in dieser Woche geopfert haben, stehen die Worte: „Fürchtet euch nicht". Ein Wort der Bibel. Ein Wort für die Genossen der Stasi, ein Wort für die immer noch Zögerlichen, die am Rande der Straße stehen, ohne sich einzureihen. Auf den Straßen und vor den Gebäuden werden brennende Kerzen abgestellt, vor dem Gebäude der SED-Kreisleitung, vor dem Rathaus, am Marktplatz. Es gibt noch einige Worte der Verabschiedung, den Aufruf zum nächsten Treff, wieder am Samstag in einer Woche. Ein wichtiger Tag für das obere Erzgebirge geht zu Ende. Friedlich und glücklich verstreut sich die große Menge. Später erfahren wir, dass Angehörige der Betriebskampftruppen die Anweisung bekommen hatten, von der Waffe Gebrauch zu machen, wenn ein Stein gegen staatliche Einrichtungen geworfen wird. Die Waffen konnten schweigen. Nicht ein Stein wurde geworfen. Gott sei Dank! Er hat unsere Gebete erhört.

Große Freude auch ein paar Tage später. Das zweite Friedensgebet kann in der St. Annenkirche stattfinden. Die große Tür öffnet sich. Woche für Woche treffen wir uns. Trotz Kälte und Schnee. Woche für Woche ziehen wir durch die Straßen unserer Stadt, immer mit brennenden Kerzen. Woche für Woche ändern sich auch die Texte auf den mitgeführten Transparenten. Aus dem Text: „Wir sind das Volk!" entsteht die nächste Aussage: „Wir sind ein Volk!"

Die ersten Deutschlandfahnen tauchen auf. Die Grenzen werden geöffnet, ein Volk im Freudentaumel. Der Drang zur D-Mark wird stärker als alles andere. Wir beobachten im Neuen Forum diese Entwicklung kritisch. Unsere Vorstellung, dass es neben dem Gesellschaftssystem Marktwirtschaft und Planwirtschaft einen dritten Weg geben soll, bleibt eher ein Wunsch. Unvergesslich eine Versammlung am Platz vor dem Theater Annaberg. Vertreter des Neuen Forums warnen davor, alles bedenkenlos aus dem Westen zu übernehmen. Von vielen Teilnehmern werden sie ausgepfiffen und niedergeschrien. Und dann kommen die Sprechchöre: „Wir sind ein Volk! Wir sind ein Volk!" – Und wieder opfert Evilis ein Bettlaken für eine neue Losung. Sie lautet: „Volk nun hast du Brot und Spiele, vergiss nicht deine wahren Ziele." Wir tragen dieses Transparent an der Spitze der nächsten Demo.

Hilfe für Rumänien

Die Mauer ist gefallen. Die friedliche Revolution greift um sich. Politische Gefangene werden frei. Noch arbeiten die Genossen in den Stasizentralen. Sie können es nicht fassen, was geschehen ist. Manche bis heute nicht. Wie ein Kartenhaus bricht die Herrschaft in den sogenannten sozialistischen Ländern zusammen. Im Dezember `89 wird in Rumänien noch erbittert um die Macht gekämpft. Es wird noch geschossen. Ceaușescu`s Securitate (rumänischer Geheimdienst) will nicht abtreten. Ceaușescu wurde am 25. Dezember zusammen mit seiner Frau im Schnellverfahren verurteilt und hingerichtet. Er hat mit seiner Regierung ein furchtbares Erbe hinterlassen.
Rumänien. Wir waren dort, privat mit der ganzen Familie und auch mit Bibelrüstzeiten. In einsamen Dörfern der Siebenbürgen und in den letzten Naturparadiesen der Karpaten. Wir wissen um die große soziale Not. Jetzt können wir helfen. Wir wollen helfen. Relativ schnell wird die Idee

einer Hilfsaktion geboren. Die Bürgerbewegung „Neues Forum," und die Kirchgemeinden von Annaberg-Buchholz rufen zu einer Paketaktion auf. Wir finden eine zentrale Sammelstelle, die nur noch selten genutzte Trinitatiskirche am Busbahnhof. Gespendet werden gut erhaltene oder neue Textilien, Schuhe, Spielzeug und Lebensmittel. Was sich nun ereignet, übertrifft die kühnsten Erwartungen. Per Auto, Fahrrad oder Handwagen fluten die Pakete in die Trinitatiskirche. Freiwillige Helfer stapeln die Hilfsgüter zwischen den Bänken, auf den Gängen und dann auf dem Altarplatz. Meterhoch liegen die Pakete übereinander.

Wie sehr haben wir uns in den Jahrzehnten DDR über ein Päckchen „aus dem Westen" gefreut. Ihr lieben „Wessis", wir haben das nicht vergessen und danken euch noch einmal herzlich dafür!

Aber nun können wir selber helfen. Weil immer mehr Pakete angeliefert werden, wird der Abgabetermin verlängert. Experten schätzen, dass wir für den Rumänientransport mindestens zwei Lastzüge brauchen.

Wie es möglich war, ganz schnell zwei Volvo-Lastzüge aufzutreiben, weiß ich nicht mehr. Auch wie wir die Fahrt nach

Rumänien finanziert haben, entzieht sich meiner Kenntnis. Es waren Wunder, wie wir sie damals oft erlebt haben. Anfang Januar `90 gehen unsere Pakete auf die große Reise. Evilis möchte unbedingt dabei sein. Endlich sind die riesigen Autos beladen. Wir stehen im Kreis zwischen der Kirche und den Lastzügen und beten um eine gesegnete Reise. Mit lautem Hupen verabschieden sich die Fahrer. Stephan begleitet sie mit seinem Wartburg. Er transportiert das Ersatzbenzin, den es unterwegs nirgendwo gibt. Es wird eine abenteuerliche Reise. In Rumänien wird immer noch geschossen. So schnell finden sich die Genossen mit ihrem Schicksal nicht ab. An den Straßenrändern in Rumänien stehen die Panzer und warten auf ihren Einsatzbefehl. Unsere Hilfstransporte rollen durch kleine Städte und Dörfer. Gleich vom Auto weg werden den Bewohnern die Pakete in die Hand gegeben. Die Freude ist riesengroß. Endlich kann die Heimreise angetreten werden. Evilis ist übervoll mit Erlebnissen. Das Erzählen nimmt kein Ende. Natürlich hat sie auch eine Erinnerung aus diesem Land mitgebracht. Es ist eine rumänische Fahne mit herausgeschnittenem Symbol. In guter Gemeinschaft mit einer Fahne der Jungen Pioniere, einer blauen FDJ-Fahne und einem roten Ehrenbanner der SED mit goldener Spitze an der Stange erinnert mich die rumänische Fahne auf unserem Dachboden an die große Hilfsaktion und an das Ende der Diktatur.

4.000 Blätter Stasiakten

Eines Tages kommt die Benachrichtigung, dass die Einsicht in unsere Stasiakten möglich ist. Wir machen uns auf den Weg nach Chemnitz, ehemals Karl-Marx-Stadt. Bald haben wir das Gebäude gefunden und werden in einen mittelgroßen Saal eingewiesen. An vielen Tischen sitzen Menschen mit unterschiedlich hohen Aktenbergen vor sich. Alle sind auf der Reise in die Vergangenheit. Die Atmosphäre ist brisant, emotional geladen. Einige Bemerkungen verdeutlichen die Situation. „Das kann nicht wahr sein, unmöglich." Einer murmelt vor sich hin: „Dem Schwein brenne ich die Bude nieder." Endlich bekommen wir einen Teil der Akten. „Herr Heiße, für Sie haben wir eine Menge. Etwa 4000 Blatt." Die Einsicht beginnt. Jahrzehnte unseres Lebens werden noch einmal lebendig. Der größte Teil des gesammelten Materials besteht aus Berichten der angesetzten inoffiziellen Mitarbeiter (IM). Dann finden wir eine Menge von kopierten Briefen, die wir geschrieben oder die an uns geschickt waren. Es gibt komplette Aufzeichnungen von ausführlichen Gesprächen, die von Vertretern des Landeskirchenamtes mit Vertretern des Rates des Bezirks Karl-Marx-Stadt geführt wurden. Wir finden so genannte Operativ- und Maßnahmepläne und besonders detaillierte Beobachtungsmaßnahmen. Ich werde mit dem Decknamen „Sammler" bezeichnet. Eine sympathische Bezeichnung. Den Decknamen „Wühlmaus" den man mir in Artern verabreicht hat, finde ich nicht so gut.

Auch die IMs haben ihre Decknamen. Auf bereit gelegten Listen können wir die von uns gewünschten Akten, die alle durchnummeriert sind, als Kopie bestellen. Bald ist uns klar, dass die Einsicht nicht an einem Tag zu schaffen ist. Viele Blätter können wir nur diagonal überfliegen.

Von unseren Offenen Abenden liegen jeweils drei Berichte von unterschiedlichen IMs vor. Jeder Bericht beginnt mit dem Satz: „Auftragsgemäß besuchte ich den Offenen Abend". Dann folgen Angaben von Besucherzahlen, Höhe der Kollekte, Inhalte der Predigt und anderes.

An den Beobachtungsfotos können wir feststellen, dass genau gegenüber unserer Wohnung eine konspirative Wohnung war, ein sogenannter Beobachtungsstützpunkt. Tag und Nacht wurde kontrolliert, registriert und fotografiert, wer bei uns aus- und einging. Wer sich hinter den Decknamen der IMs versteckt, bleibt vorerst unklar, bis es dann nach und nach die Aha-Erlebnisse gibt.

Da gibt es betrübliche Entdeckungen. Ehrenamtliche Mitarbeiter, die auf unterschiedliche Weise für den Stasi-Dienst gewonnen wurden und regelmäßig ihre Beobachtungsberichte abgeben mussten. Ein leichter Schock erfasst uns im Blick auf sehr viele Berichte mit der Unterschrift „Friedhelm". Bald ist uns deutlich, dass es sich dabei nur um unseren Ortspfarrer in Marienberg Pfarrer Leonhardt handeln kann. Wir lesen von Kirchenvorstandssitzungen, in denen es um das „Problem" Heiße ging, von geplanten Rüstzeiten, besuchten Jugendveranstaltungen, durchgeführten Differenzierungsmaßnahmen. Das waren die Versuche, kirchliche Mitarbeiter gegenseitig auszuspielen. Wir sind bestürzt. Auch von Kirchenältesten, die in unterschiedlicher Weise in die Fänge der Stasi geraten waren. Dass unsere Arbeit unter den Soldaten nicht sehr gerne gesehen wurde, war uns klar, überraschend ist die Zahl der Spitzel in Uniform und die gelieferten Berichte. Dass kirchenleitende Stellen, mit Ausnahme der eingeschleusten IMs, nicht mit den staatlichen Stellen paktiert haben, bestätigt sich durch meine Akten. Dass aus unterschiedlichen Gründen taktiert wurde, ist dann für mich nicht nur betrüblich, sondern auch schmerzlich. Ein bisschen mehr Mut und geistliche Risikobereitschaft wäre schon gut gewesen. Sicher auch ein offizielles Schuldbekenntnis der Kirche etwa wie die Schulderklärung 1947 aus Stuttgart. „…wir haben geschwiegen, wo wir hätten reden sollen…" Erfreuliches gibt es auch in den Akten zu lesen. Wir finden einen kompletten Gesprächsablauf vom 2.11.87 zwischen Kirchenpräsident Domsch und dem Stellvertreter des Vorsitzenden des Rates des Bezirkes Karl-Marx-Stadt für Inneres, Genossen Hoyer. In der Gesprächseröffnung macht Genosse Hoyer darauf aufmerksam, dass sie bei diesem Gespräch ganz unter sich sind und dass es auch kein Protokoll gibt. Dann wird in der Akte das komplette Gespräch auf 14 Blättern wiedergegeben. Es geht um zwei Themen. Um die dringend von der Partei geforderte Versetzung der Familie Heiße von Marienberg in einen anderen Bezirk

und es geht um das ausgesprochene Verbot unserer Oster-
nachtswanderung.

Immer wieder versucht Genosse Hoyer auf Präsident
Domsch einzuwirken, dass das Verhältnis zwischen Staat
und Kirche durch die Arbeit von Heiße in Marienberg
ernsthaft gefährdet ist und eigentlich auf Grund einiger
Äußerungen die Inhaftierung ansteht. (In anderer Akte lese
ich dann, dass das Ermittlungsverfahren gegen mich schon
eingeleitet wurde). Präsident Domsch führt das Gespräch
klug und geschickt, geht auf die Forderungen ein, macht
dann aber immer wieder aufmerksam, dass es für ihn nicht
möglich ist, Heiße zu versetzen. Erfreulich ist der Einsatz
der Kirchenleitung für die vorzeitige Entlassung unseres
Sohnes Stephan aus der Haft und manches mehr.

Und dann gibt es in unseren Akten auch Lustiges. Davon
eine Kostprobe: Es ist der Bericht eines Spitzels, der sich
als Teilnehmer einer Wochenendrüstzeit in Rothenthal so
äußert:

„16:30 Uhr fanden sich alle Teilnehmer im Speiseraum.
Obwohl es nur trockenen Kuchen und Malzkaffee gab,
sprach Heiße ein Tischgebet. Auftragsgemäß senkte ich
beim Beten den Kopf, schloss meine Augen und bewegte
die Lippen". Weniger lustig sind dann die Hinweise dass
er während der Bibelarbeit für eine Zeit den Raum verlassen hat und im Nachbarzimmer aus meiner Aktentasche
Teilnehmerlisten und andere Unterlagen entwendet hat.

Wenige Tage nach der Einsicht bekommen wir dann die
1000 gewünschten Kopien aus Chemnitz zugeschickt. Ge-
ordnet liegen sie in meinem Regal. Ein Stück Geschichte
unseres Lebens (wir hatten nie Zeit ein Tagebuch zu schreiben). Auch ein Stück Geschichte der DDR, die 1989, als die
Zeit erfüllt war, zusammenbrach.

- ASt. Chemnitz -

Der OV wird aufgrund seiner politischen Bedeutsamkeit unter Leitung
des Leiters der Bezirksverwaltung Karl-Marx-Stadt, Gen. General-
major Gehlert, bearbeitet. Die Zielstellung besteht darin,

- die Pläne und Absichten des Verdächtigen operativ zu erkunden und
  vorbeugend zu verhindern sowie Beweise für strafrechtlich rele-
  vante Handlungen zu erarbeiten,

- durch wirksame politisch-operative Maßnahmen den Verdächtigen zu
  isolieren,

- den Verdächtigen zu verunsichern und den Differenzierungsprozeß
  unter den Kirchenkreisen aktiv zu fördern,

- Beweise und Ansatzpunkte zu erarbeiten, die für eine offizielle
  Auswertung gegen .*Heiße*........ genutzt werden können, wenn die
  politische Situation dafür geeignet ist.

Aufgaben und Maßnahmekomplexe

1. Maßnahmen der Differenzierung und Zersetzung sowie Erzeugung
   innerkirchlicher Widersprüche

1.1.
Der hauptamtliche IME "Niels Volkmar" der HA I, der zeitweilig im
MSR-7 eingesetzt ist, wurde in die operative Bearbeitung der OPK
"Atelier" (Soldat .*Fsche*........., am 30.10.1981 entlassen) ein-
geführt und vom Verdächtigen mündlich und schriftlich bei *Heiße*.....
avisiert.

Die Einführung des IME in den OV "Sammler" erfolgt mit dem Ziel,
insbesondere die gegen die NVA gerichteten Pläne, Absichten und
Handlungen des H. aufzuklären und den Differenzierungsprozeß zu
unterstützen. Unter Ausnutzung der Avisierung und des Auftrages
von .*Fsche*........., die Aktivitäten der Verdächtigen des OV "Autor"
der HA I im MSR-7 zu unterstützen, stellt der IME die persönliche
Verbindung zu H. her und nimmt an Veranstaltungen bei H. teil.

Termin für Einführung
des IM bei H.:   30. 1. 1982

Verantwortlich: Ltr. KD Mbg.
                         Ltr. HA I, UA 7. PD

1.2.
Der IME "Niels Volkmar" wird beauftragt, nach seiner Einführung in
den Vertrautenkreis des H., im Zusammenhang mit einer Veranstaltung
bei .*Heiße*........., einem NVA-Angehörigen das Dienstbuch zu ent-
wenden. Zur Klärung des Dokumentenverlustes ist eine Fahndung aus-
zulösen. Durch eine Befragung des Soldaten sind die Bezugspunkte zu
H. herauszuarbeiten. Nach Information an den Landesbischof Dr.
HEMPEL und den Superintendenten FRITZ sind bei .*Heiße*..... entsprechende Ermittlungshandlungen durchzuführen.

14

Der H., seine Ehefrau und der während dieser Veranstaltung anwesende Personenkreis sind zu befragen. Durch diese offiziellen Maßnahmen ist auch gewährleistet, daß der Kirchenvorstand Marienberg von diesem Vorkommnis Kenntnis erhält und, inspiriert durch die IM "Richter" der KD Marienberg sowie "Friedhelm" der Abteilung XX der Bezirksverwaltung, sich gegenüber dem Superintendenten FRITZ davon distanziert.

Termin für Konzeption:	28. 2. 1982
Verantwortlich:	Ltr. KD Marienberg
	Ltr. HA I, UA 7. PD
	Ltr. Abt. IX
	Ltr. Abt. XX

1.3.
Inszenierung einer bedeutsamen Diebstahlshandlung in der Garage bzw. im Geschäft des Schuhmachermeisters .Willig............. zum Zeitpunkt einer Veranstaltung bei .Heiße.........

W. ist ein streng gläubiger Christ. Sein Bruder nimmt im Kirchenvorstand Marienberg eine führende Position ein und bezieht zu H. teilweise eine Kontrahaltung ein. Zur Aufklärung dieser kriminellen Handlung ist ein Fährtenhund einzusetzen, der die Fährte zur Wohnung des H. aufnimmt. Die Familie .Heiße......... sowie der Besucherkreis sind zu befragen. Es sind kriminaltechnische Maßnahmen, einschließlich des Fingerns, (bei Ärzten, Krankenschwestern, NVA-Angehörigen, Mitgliedern der Jungen Gemeinde und kirchlichen Mitarbeitern) durchzuführen. Durch diese politisch-operative Maßnahme sollen die Verdächtigen weiter verunsichert und der Differenzierungsprozeß unter den Kirchenkreisen gefördert werden.

Termin für Konzeption:	30. 4. 1982
Verantwortlich:	Ltr. KD Marienberg
	Ltr. Abt. VIII

1.4.
Die IM "Richter" und "Friedhelm" werden beauftragt, den Kirchenvorstand zu inspirieren, aufgrund dieses erneuten Vorkommnisses bei .Heiße........ einen Brief an Dr. HEMPEL zu richten, in dem sie darauf aufmerksam machen, daß H. das Ansehen aller ehrlichen Christen schädigt und seine sofortige Abberufung fordern.

Termin:	30. 5. 1982 (nach erfolgter Maßnahme)
Verantwortlich:	Ltr. KD Marienberg
	Ltr. Abt. XX

1.5.
Auf der Grundlage der öffentlichkeitswirksamen Vorkommnisse bei .Heiße............. ist zur weiteren Verunsicherung dieses Personenkreises durch den Bezirksarzt mit Dr. Friedrich..... (Chirurg im Krankenhaus Marienberg und Mitglied des Donnerstagskreises) eine Aussprache zu führen.

15

Heiße

Abschrift des Berichtes vom 12. 11. 1982
Quelle: IM
entgegengenommen: Lt. Lehmann

AA Zschopau

Bericht

An 23. 10. 1982 besuchte ich auftragsgemäß in der Zeit von
18.30 Uhr bis 20.15 Uhr in der Marienkirche in Marienberg einen
Offenen Abend, der unter dem Thema stand "Mut zum Leben". Die
Kirche war bis auf den letzten Platz besetzt. Zwischen den Bank-
reihen wurden noch zusätzlich Stühle aufgestellt.

Heiße begrüßte wie üblich die Teilnehmer des Offenen Abends. Er
bedankte sich für die letzte Kollekte, die 1 700,-- Mark er-
bracht hatte und wies darauf hin, daß das "Jugenddankopfer" bald
fällig ist.

Der Abend wurde sehr musikalisch gestaltet von einer Gruppe aus
Berlin, die ihren Sitz in der Nähe des Berliner Ostkreuzes hat.
Der Gruppe gehörten ca. 10 Personen an, davon 3 weibliche, aus
den verschiedensten Berufsgruppen wie Theologiestudenten, Krankenschwester, Hausmeister. Nach meiner Meinung spielte diese Gruppe
qualitativ eine sehr gute Musik. Der Name der Gruppe ist mir ent-
fallen. Sie könnte aber "Solaris" heißen.

Im ersten Teil des Abends wurde unter anderem das Lied vom Tod
eines 17jährigen Mädchens aus Berlin gespielt, welches Selbstmord beging. Ein weiteres Lied, welches mir nicht unbekannt ist,
richtete sich gegen die Produktion von Kriegsspielzeug. Es hatte
ungefähr die Aussage, wenn Kinder schon mit Kriegsspielzeug
spielen, machen sie es wirklich wenn sie groß sind und Kinder-
spielzeug macht zwar nichts kaputt, aber es macht in den Köpfen
der Kinder vieles kaputt.

Im zweiten Teil des Abends wurde ein Konzert dargeboten, wo teils
kirchliche und teils Lieder aus der Friedensbewegung der USA gespielt wurden. Dieser Abschnitt des Abends fand großen Zuspruch
unter den Teilnehmern, den sie lautstark durch klopfen, klatschen
und mitsingen bekundeten.

Der letzte Teil des Abends bestand aus einer Meditation zum
Thema des Abends. Es wurde die Aussage getroffen "Mutlos" warum?
und u. a. beantwortet mit

- weil mir die Arbeit keine Freude macht
- weil es immer Waffen gibt, die unsere Sicherheit garantieren
  sollen

Ich schätze ein, daß der Abend von den Teilnehmern sehr gut aufgenommen wurde. Der nächste Offene Abend wird am 28. 11. 1982 unter
Leitung von Pfarrer Theo Lehmann durchgeführt.

F.d.R.d.A.   gez. IM

155

Verteiler: 4 Exemplare
1 x 1. Sekretär
1 x OV "Sammler"
1 x Gen. Thom
1 x Ablage AI

Aktivitäten des Bezirksjugendwartes   H e i ß e

Durch den Bezirksjugendwart des Kirchenbezirkes Marienberg

    H e i ß e ,   Eberhard
    geb. am: 17.3.1933 in Crottendorf
    wohnhaft: 9340 Marienberg, Scheffelstr. 8

wurden 1987 bisher vier "Offene Abende" organisiert und in der
Marienkirche Marienberg durchgeführt (21.3., 11.4., 2.5., 30.5.).
Ein weiterer "Offener Abend" fand in Wolkenstein statt.

Diese Veranstaltungen wurden jeweils von über 700 bis zu 900 Personen besucht, wodurch Besucherzahlen aus vergangenen Jahren über-
schritten wurden.

"Die Offenen Abende" wurden überwiegend von Jugendlichen und Junger-
wachsenen des Kreises Marienberg sowie der Anliegerkreise besucht.
Weiterhin nahmen an den Veranstaltungen Angehörige des MSR-7 Marienberg der NVA teil.

H e i ß e   richtete die Thematiken der "Offenen Abende" auf die
Jugendlichen ansprechende Problemkreise aus, wodurch er eine breite
Wirksamkeit erreichte.

Es ist einzuschätzen, daß die Tendenz der steigenden Besucherzahlen
an "Offenen Abenden" durch ein ungenügendes Angebot an Veranstaltungen für Jugendliche, insbesondere Jugendtanzveranstaltungen, be-
günstigt wird. An den Tagen der Durchführung der "Offenen Abende"
wurden im Kreisgebiet durchschnittlich vier Jugendtanzveranstaltungen durchgeführt. In Marienberg fand jedoch keine, in Olbernhau
lediglich eine Jugendtanzveranstaltung statt.

Zur Zurückdrängung des Einflusses des   H e i ß e   in Zusammenhang
mit der Durchführung "Offener Abende" wird empfohlen, unter Ein-
beziehung der FDJ-Kreisleitung ein breites Angebot an Jugendtanzveranstaltungen an Tagen der Durchführung "Offener Abende", insbesondere
in Marienberg und Olbernhau sowie in umliegenden Orten, zu organi-
sieren.

Die nächsten "Offenen Abende" finden am

    12. 9. 1987, 17. 10. 1987, 14. 11. 1987

statt. Der Veranstaltungsbeginn ist jeweils 18.30 Uhr.

Die Durchführung von Tanzveranstaltungen im Jugendklubhaus Marienberg ist aufgrund der unmittelbaren Nachbarschaft zur Kirche an
Tagen der Durchführung "Offener Abende" nicht vorteilhaft.

Opfer? Täter? Vergebung?

Die Zeit nach der friedlichen Revolution erschließt für unsere Jugendarbeit neue, ungeahnte Möglichkeiten. Wir haben keine Zeit, alle mit ihren Decknamen aufgeführten IMs zu enttarnen. Einige aber beschäftigen mich schon. Wie konnte es passieren, dass sie zu Verrätern wurden, dass sie uns und unsere Arbeit gefährdeten? Waren sie selbst Opfer einer Erpressung? Wie wurden sie zu Tätern? Wie steht es um die Vergebung? Ich mache mich auf die Spur. Die größte Zahl wichtiger Informationen hat IM „Friedhelm", unser Gemeindepfarrer geschrieben. Kurz nach der Akteneinsicht will ich ihn in Marienberg besuchen. Es ist nicht möglich. Im Juli ´91 läuft er in ein Auto. Er ist tot. Ich hätte gern mit ihm gesprochen, ihm Vergebung angeboten, da er in seinem Leben so vielen von Vergebung gepredigt hat. Ein einsamer, zerrissener, ganz sicher erpresster Mann findet so sein Ende. Ein ehrenamtlicher Mitarbeiter der Kirchgemeinde, der auch in unserer Umweltgruppe „Grünes Kreuz" aktiv war, trägt den Decknamen „Richter". Seine Berichte gab er bei seinem Führungsoffizier in Satzung ab. Ich will ihn besuchen, mit ihm reden, nicht als ein Richter. Da erfahre ich, dass er seinem Leben ein Ende gemacht hat. Wieder einmal komme ich zu spät. Ein anderer Mitarbeiter ruft mich in Annaberg an, bittet um ein Gespräch. Wir vereinbaren einen Termin. Ein paar Tage später sitzen wir uns in meinem Arbeitszimmer gegenüber. Ein ehemaliger IM bekennt seine Schuld. Stockend kommt sein Bekenntnis von den Lippen. Es tut ihm leid, dass er uns gefährdet hat und ich spüre echte, tiefe Reue. So kann ich ihm vergeben. „Das Blut Jesu Christi macht dich rein von aller Sünde. Es ist alles vergeben, der Schuldbrief ist zerrissen." Und dann lege ich ihm die Hände auf den Kopf und segne ihn. In unseren Herzen macht sich große Freude breit. Aber auch im Himmel, wo Freude ist, wenn einer umkehrt, seine Schuld bekennt, ein neues Leben beginnt.

Ja und dann gibt es auch noch den IM mit dem Decknamen „Frank Ziegler". Er war Mitarbeiter einer Jungen Gemeinde im Kirchenkreis. In einer Akte vom 30.04.83 lese ich: „Der IM wurde 1980/81 systematisch in die Bearbeitung kirchlicher Kreise eingeführt. Durch den Besuch der Offenen Abende und durch die Teilnahme an Rüstzeiten erhielt er engen Kontakt zu Heiße. Dort bekehrte er sich auch (Seelsorge). Seit März `83 gehört der IM zum Mitarbeiterstamm der so genannten Jungschararbeit, außerdem zur so genannten Gebetsgemeinschaft seiner Kirchgemeinde. Der IM konnte durch diese stabilen Verbindungen eine Vielzahl operativ bedeutsamer Informationen erarbeiten. Der IM ist Produktionsleiter und besitzt eine hohe Intelligenz. Er war früher schon einmal in der kirchlichen Arbeit integriert und hatte sich 1976 aus Glaubensgründen von der Kirche losgesagt. Von Heiße wurde er deshalb mit „großer Freude" wieder aufgenommen. Der IM ist auf hohe Konspiration bedacht. Seine Zuverlässigkeit konnte mehrfach überprüft und bestätigt werden. Ich bitte einen weiteren Einsatz des IMB `Frank Ziegler` in der eingeschlagenen Richtung zu genehmigen. Schlegel/ Oberleutnant."

Und dann stehe ich vor der Tür des ehemaligen IM „Frank Ziegler". Er öffnet und begrüßt mich mit den Worten: „Ach Eberhard, schön, dass du mich wieder mal besuchst. Komm herein." Wir sitzen uns gegenüber und er eröffnet das Gespräch. „Ich weiß weshalb du kommst. Was ich getan habe tut mir nicht leid. Das System, für das ich gearbeitet habe war doch gut. Es war richtig, was ich gemacht habe. - Nach ein paar Minuten des Gesprächs bekomme ich, was sehr selten vorkommt, Kopfschmerzen. Es ist sinnlos weiter zu reden. „Weißt du," - und mit diesen Worten verabschiede ich mich - „ich bin mit der Bereitschaft gekommen, dir deine Schuld zu vergeben, mit dir ein Gebet zu sprechen. Das geht so nicht. Hier ist meine Telefonnummer, du kannst mich jederzeit anrufen." Bis heute ist es nicht geschehen. Beim Schreiben kommt mir der Gedanke, ihm mal zu schreiben und meine neue Telefonnummer zu geben. IM Frank Ziegler, was wird aus dir geworden sein? Vielleicht führender Genosse in der Partei „DIE LINKE"? Trotzdem: Die Türen zu Gott stehen immer offen, auch für ehemalige IMs.

Der Kampf um die Aula

Zwei politische Umbrüche habe ich in Deutschland erlebt. Zwischen 1945 und 1989 gibt es so manche Unterschiede. Auch im pädagogischen Bereich. Nach dem Motto „Wer die Jugend hat, hat die Zukunft" wurden in beiden Diktaturen die Lehrkräfte für Schulen, Oberschulen und Universitäten ausgewählt. Im Dritten Reich gehörten fast alle Lehrer der NSDAP an. Im Osten Deutschlands durfte kaum einer dieser Lehrkräfte nach `45 weiter seinen Dienst tun. Ganz anders fielen die politischen Entscheidungen 1989/90. Obwohl analog zum Dritten Reich fast alle Lehrkräfte in der DDR zur SED oder einer der Blockparteien gehörten, blieben die meisten Lehrer in den Schulen der „Neuen Bundesländer".
Im Herbst 1990 kommt vom St. Annen-Gymnasium in Annaberg-Buchholz die Anfrage, ob ich vorübergehend bereit wäre, Religionsunterricht zu geben. Im Freistaat Sachsen gilt Ethik- und Religionsunterricht als Pflichtwahlfach. Da sich im Annaberger Raum viele für Religionsunterricht entschieden, mangelte es an Lehrkräften. Ein kurzes Überlegen, ein Kurs mit Zertifikat und 25 Jahre praktische Erfahrung in der Evangelischen Jugendarbeit lassen mich beginnen. Gern denke ich an diese Dienstzeit zurück.
In den Klassenzimmern sind noch die Nägel in der Wand und Konturen von den Bildern des Staatsratsvorsitzenden Erich Honecker. Und dann stehe ich zum ersten Mal vor der 8. Klasse.
Ich entdecke bekannte Gesichter aus der Jungen Gemeinde, die mich natürlich gleich erstaunt mit „Hallo Eberhard!"

159

begrüßen. Die Gitarre habe ich immer dabei. Wir singen die neuen Jugendlieder und es gibt keinen Unterricht ohne Gebet. Über dem Unterricht in „Religion" stehen die beiden Worte „WISSEN + WERTE". Und da die Bibel für mich so wertvoll ist, spielt sie im Unterreicht immer eine bedeutende Rolle. (Bis heute unterrichte ich im Fach Religion. Jetzt im Evangelischen Gymnasium Kirchhain).

Interessant sind die Pausengespräche im Lehrerzimmer. Unvergesslich eine Unterhaltung mit einem Geschichtslehrer. Auf die Frage, wie er die DDR-Geschichte behandelt, bekomme ich die Antwort: „Ach wissen Sie, das kommt am Ende des Unterrichtsjahres und da habe ich keine Zeit mehr, darauf einzugehen." Ich leihe ihm das „Schwarzbuch des Kommunismus". Ohne Kommentar gibt er es mir nach ein paar Wochen wieder zurück. Ich spüre, dass die Ideologie des Marxismus langsam überwunden wird. Schwieriger ist die atheistische Komponente dieser Weltanschauung. Die Thesen Lenins, dass die Welt grundsätzlich erkennbar und beweisbar ist, es deshalb keinen Platz für Gott gibt, Religion „Opium fürs Volk" ist, sind noch tief in den Köpfen und Herzen der Menschen verwurzelt.

Jede Schule in der Bundesrepublik Deutschland hat die Möglichkeit, zweimal im Jahr einen Schulgottesdienst durchzuführen. Zur BRD gehört nun die ehemalige DDR auch. So werde ich beim Direktor des St. Annen-Gymnasiums vorstellig. Es gibt ein langes Gespräch. Schon nach den ersten Sätzen spüre ich Ablehnung. Auf die grundsätzliche Frage des Direktors „Herr Heiße, muss das denn sein?" antworte ich „Ja, das muss so sein. Informieren Sie sich doch bitte im Kultusministerium in Dresden." Eine Woche später findet das nächste Gespräch statt. Und schon gibt es die nächste Problemfrage: „Wo soll denn der Gottesdienst stattfinden?" – „Natürlich in der Aula!" – „In der Aula? Herr Heiße, die Bergkirche ist doch nur wenige Meter von hier entfernt. Für einen Gottesdienst ist dieser Raum doch viel würdiger. Entscheiden Sie sich doch bitte für die Berg-

kirche." – Der Kampf geht weiter. – „Herr Direktor, soweit
mir bekannt ist, finden Schulgottesdienste in der Regel in
Schulen statt." – „So? Aber zum Zeitpunkt möchte ich Ihnen einen Vorschlag machen: wie wäre der Sonnabend vor
Ostern? Das sind doch für Sie wichtige Feiertage. Und da
in diesen Tagen das Gymnasium geschlossen ist, sollten
Sie doch vielleicht den Gottesdienst im festlichen Rahmen
in der Bergkirche feiern." – „Zum Zeitpunkt habe ich mir
auch schon Informationen eingeholt. Im Allgemeinen finden Schulgottesdienste am letzten Unterrichtstag vor den
großen Sommerferien und vor den Weihnachtsferien statt.
Jeweils während der ersten Unterrichtsstunde. Ein Angebot für Schüler und Lehrer." – „Ja, und nun sagen Sie
mir bitte, was ich mit den Schülern mache, die nicht zum
Schulgottesdienst gehen?" Meine Geduld geht zu Ende
und so kann ich nur antworten: „Herr Direktor, und das
ist nun allein Ihr Problem!" „Wie wäre es denn, wenn wir
in unsere Entscheidung die Schulsprecherin einbeziehen?
Das ist Esther Heiße, unsere Tochter." Mit den kurzen Bemerkungen „Dann führen Sie Ihren Gottesdienst durch"
und „Vielen Dank!" ist das Gespräch beendet. – Viel Zeit ist
verstrichen. Die Vorbereitungen müssen sehr zügig laufen.
Programm, Werbung, Gestaltung der Bühne, und so manches mehr. Hunderte Einladungen werden kopiert. Ohne
staatliche Genehmigung!!! Am vorletzten Schultag vor
den Sommerferien verteilen Schüler des Gymnasiums, die
zugleich Mitarbeiter der Jungen Gemeinde sind, am Eingangsportal die geschmackvoll gestalteten Einladungen.
Das Programm steht. Präzise 45 Minuten stehen uns zur
Verfügung. Pantomime, Anspiel, Chorlieder, Andacht, in-
strumentale Kostbarkeiten. Ein Tischler hat uns ein großes
Holzkreuz gefertigt. Das Kreuz wird auf der Bühne der
Aula aufgerichtet. Es ist für mich ein bewegender Augen-
blick. Noch kann ich es nicht fassen. In diesem Gymnasium
wurde (wie in allen Schulen der DDR) jungen Menschen
eingehämmert, dass es Gott nicht gibt, und dass der Glaube an Jesus Christus nur ein gefährlicher Schwindel ist. In

diesen Mauern wurden Schüler, die sich zum christlichen Glauben bekannten, diffamiert, lächerlich gemacht und in den 50er Jahren von der Erweiterten Oberschule entfernt. Nicht mit Triumphgefühlen aber mit großer Dankbarkeit richten wir das Kreuz als Zeichen von Niederlage und Sieg auf. Gott ist Herr, auch Herr der Geschichte.

Der letzte Schultag beginnt. Noch einmal beten wir. Wie viele Schüler werden kommen? Werden überhaupt welche kommen? 7.15 Uhr strömen die ersten Schüler in die große Aula. Der Strom reißt nicht ab. Wir sind überwältigt. 7.30 Uhr. Beginn des Unterrichts und des Gottesdienstes. Unsere Aula ist überfüllt. Weit über 200 Schüler. Viele von ihnen sind keine Christen. Alle warten gespannt, was passiert. Unser kleiner Chor tritt auf die Bühne. Das erste Lied füllt den Raum. Da öffnet sich noch einmal die Aulatür. Der Direktor des Gymnasiums kommt. Es ist kein Stuhl mehr für ihn da. Aber wir können ihn doch nicht stehen lassen. Geistesgegenwärtig holt ein Schüler noch einen Stuhl aus einem Klassenzimmer. Der Gottesdienst beginnt und gelingt. Zum Abschluss noch ein Gebet, gesprochen von verschiedenen Schülern. Das Amen liegt noch in der Luft, als es zur Pause klingelt. Alles bewegt sich in die Klassenräume. Bei der Verabschiedung des Direktors kann ich es mir nicht verkneifen zu fragen: „Wie fanden Sie denn unseren ersten Gottesdienst?" Seine interessante Antwort: „Ja, Herr Heiße, das war doch methodisch recht abwechslungsreich."
Nach diesem gelungenen Start finden unsere Schulgottesdienste im regelmäßigen Rhythmus zwei Mal im Jahr statt. Da unsere Esther nach dem Abitur nun nicht mehr am Gymnasium ist, gibt es eine neue Schulsprecherin. Sie heißt Katrin. Eine Freundin hat sie eingeladen für eine Sommerbibelrüstzeit im traumhaften Slowenien. Unvergessliche Tage. Katrin, in einem total atheistischen Elternhaus aufgewachsen, spürt während der Bibelrüstzeit, dass Gott mit ihr redet. Sie meldet sich an für ein seelsorger-

liches Gespräch. In ihrem Suchen nach dem Sinn des Lebens findet sie Orientierung und stellt ihr junges Leben unter die Regie Gottes. Ein Neues beginnt. Bald meldet sich Katrin an zum Taufunterricht. Fast täglich sehe ich sie im Gymnasium. Ich frage sie, ob sie bereit wäre, ihre Erfahrung im Glauben zum nächsten Schulgottesdienst kurz vor Weihnachten an andere weiterzugeben. Es gibt bei ihr kein langes Nachdenken. Die Aula ist wieder überfüllt. Katrin tritt auf die Bühne. Mehr als 200 Schüler und auch einige Lehrer schauen wie gebannt auf ihre Schulsprecherin. Ruhig und gesammelt beginnt Katrin zu erzählen: aus ihrem Leben, von einer inneren Leere, ihren bohrenden Fragen nach dem Sinn des Lebens. Sie berichtet von den wunderbaren Tagen im schönen Slowenien und von einer Gemeinschaft, die sie vorher so noch nie erlebt hat. Katrin spricht von ihrer Entscheidung Christ zu werden, sich in wenigen Wochen taufen zu lassen und dass sie sich auf diesen Tag freut. Nach einem Lied und Gebet verlassen die Jugendlichen nachdenklich die große Schulaula. In meinem Herzen bricht große Freude auf. „Wie groß ist mein Gott! Kein andrer ist wie ER!" Auch

„Sendung"
Holzschnitt von Herbert Seidel

nach unserem Wegzug aus Annaberg-Buchholz werden die Schulgottesdienste im St. Annen-Gymnasium weiter durchgeführt. Eines Tages muss es aus verschiedenen Gründen seine Türen schließen. An anderer Stelle der Stadt hat ein neues Gymnasium seine Arbeit aufgenommen. Im Schuljahr 2008/2009 lernen 480 Schüler in 15 Klassen und 6 Tutorgruppen am Evangelischen Gymnasium Erzgebirge.

CE VAU JOT EM – was ist denn das?

Eine neue Zeit beginnt. Auch für die evangelische Jugendarbeit. Die Zeiten der Bedrängnis, der Einschränkungen und Verbote liegen hinter uns. Vor uns offene Türen, neue Möglichkeiten und Chancen, aber auch neue Gefahren. Auf allen Ebenen entstehen jetzt Vereine. Die gab es in der DDR nicht, die waren verboten. Eines Tages fragt mich ein Mitarbeiter der Jungen Gemeinde: „Eberhard, CVJM- Was ist das?" Ein paar Informationen kann ich weitergeben. Vom aufregenden Leben des George Williams der im 19. Jahrhundert mit dieser Arbeit begann. In der Marienberger Zeit gab es auch hin und wieder in Ungarn Begegnungen mit Mitarbeitern des CVJM München. So manches beeindruckt unsere Mitarbeiter. Die weltweite Ausbreitung und Verbundenheit des CVJM, die theologisch- pietistische Ausrichtung, der missionarische Einsatz, die guten Strukturen.

Und nun ist es möglich auch in Annaberg einen CVJM zu gründen? Unfassbar. Der größte Teil der Mitarbeiter unserer JG findet ein Ja. Etwas länger, fast ein Jahr dauert es, bis der Kirchenvorstand unserer St. Annengemeinde sich zu einer Entscheidung durchringt. Große Freude, als ich eines Tages die Mitteilung im Briefkasten finde. „Die Kirchenältesten unserer Gemeinde haben beschlossen, dass die Jugendarbeit unserer Gemeinde ab sofort vom CVJM getragen und verantwortet wird." Wenige Wochen später kommt es zur Vereinsgründung, Verantwortliche werden gewählt, die Arbeit baut sich auf und verzweigt sich. Dankbar schaue ich auf diesen Tag und die nun folgende Entwicklung zurück. Die Jugendarbeit bleibt stark gemeindeverbunden und das ist bis heute so. Vereinsstrukturen schaffen kein neues Leben. Aber wo Leben ist, muss nach den besten Strukturen gesucht werden.

Die folgenden Jahre möchte ich in meiner Lebensgeschichte nicht missen. Träume werden wahr. Wir dürfen mit unseren Beiträgen in die Medien und erreichen so viele.

DER ALTE SCHAFSTALL

Offene Jugendarbeit! Davon konnten wir 40 Jahre nur träumen. Jetzt können wir sie tun. Der Barbara-Uthmann-Ring in Annaberg ist ein zu DDR-Zeiten entstandenes Wohngebiet. Das Leben in den Plattenbauten hatte ja so eine ganz besondere Prägung. Da Gott immer alle meint und alle liebt, vor allem auch junge Leute, suchen wir nach Möglichkeiten, in diesem Stadtteil ein Zentrum zu schaffen.
Die FDJ-Arbeit ist zusammengebrochen. Wir sind Alleinanbieter in Sachen Jugendarbeit. Ein mittelgroßer Raum bietet sich an. - Die Verhandlungen mit der Stadtverwaltung sind erfolgreich. – Wir suchen nach Mitarbeitern, Inventar und einem Namen. „Teekiste" heißt der Raum, da wir als Getränk nur Tee in verschiedenen Variationen anbieten. Es gibt eine Tischtennisplatte, Tischfußball, ein paar Stühle und einen kleinen Raum zum Teekochen.
Mit einigen Mitarbeitern erwarte ich voll Spannung den ersten Abend. Kommen die jungen Leute? – Sie kommen. Schon am 2. Abend ist der Raum überfüllt. Mädchen und Jungen, die sich zu Hause nicht wohl fühlen, weil „der Alte immer besoffen ist". Jugendliche die Gott nicht kennen und doch auch ganz unbewusst Sehnsucht nach ihm haben.
Nach einiger Zeit wird uns deutlich, dass wir neue, größere Räume brauchen. Wir beten um ein Haus. Und tatsächlich gibt es mitten in den großen Wohnblöcken ein Haus. Aus welchen Gründen auch immer, es ist bei der sozialistischen Bebauung stehen geblieben und trägt den interessanten nostalgischen Namen „Alter Schafstall". Dieses Haus an den Sportplätzen hat Gott für unsere Arbeit reserviert. Früher war da mal eine Bibliothek, eine Kindereinrichtung und jetzt steht alles leer. Der innere und äußere Zustand des Hauses ist erbärmlich. Der Rat der Stadt Annaberg stellt uns das Haus - und ganz wichtig - ein Freigelände zur Verfügung. Kaum sind die Verträge unterschrieben, beginnen wir mit der Erneuerung. Viele hundert Stunden ehrenamtlicher Einsatz, totaler Einsatz von Zeit, Geld,

Hoffnung. Endlich, die feierliche Einweihung. Wir haben ein komplettes Haus mit einer geräumigen Küche, einem Imbissraum mit Theke, in einem anderen Raum steht das schöne Billard, woanders die Tischtennisplatte, der Dart-Raum, Tischfußball, bequeme Möbel. Unterm Dach dann ein gemütlicher großer Aufenthaltsraum, ein Bastelraum für Kinder, ein Büro. – Ganz wichtig: Wir können für die Leitung des Hauses eine 100% Stelle ausschreiben. Das Haus ist offen, der „Alte Schafstall" füllt sich. Nach der festlichen Feier folgen schwere Monate. Unser Grundsatz ist: Das Haus ist offen für alle. Mit Jungendlichen der linken und rechten Szene kommen wir klar. Schwieriger wird es mit den Besuchern von „Chicago" – dem Treff der Satanisten. Sie suchen Abwechslung, wollen provozieren und strömen ins Haus. Unsere Mitarbeiter sind aufgefordert, und mitunter überfordert. Unsere Poster werden abgerissen, das Eichenholzkreuz im Billardraum beschädigt, es kommt zu den ersten Hausverboten und Einbrüchen und Diebstählen. Mit viel Einsatz und Opfer haben wir das Haus für junge Leute angerichtet. Und dann sagt mir einer der Jungs beim Betreten des Raums: „Na, was suchst du denn hier, du elende Christensau!?" Wir bitten Gott um Kraft zum Durchhalten. Bis 17:30 Uhr ist der Alte Schafstall offen für Kinder, ab 18:00 Uhr für Jugendliche. Da haben wir also 30 Minuten Zeit zum Mitarbeitergebet. Immer wieder gibt es neue Einbrüche. Aber die Arbeit geht weiter. Einmal in der Woche bieten wir „good news" an, eine Bibelstunde der besonderen Art. Zwischendurch stehen einige auf und murmeln: "Mensch, hör auf, es wird langweilig" und verlassen den Raum. Junge Leute die in ihrem Leben viel zu wenig Liebe und Strenge erlebt haben. Wir wollen für sie da sein. Wir wissen, dass Jesus gerade sie liebt. – Nach ein paar Jahren wird einer getauft, findet seinen guten Hirten im Alten Schafstall. – Über Höhen und Tiefen geht die Arbeit weiter. Bis heute.

Von Irland bis nach Israel

Wovon wir geträumt und wofür wir gebetet und gekämpft haben ist nun Wirklichkeit geworden. Junge Leute können nicht nur singen, „Wir sind jung, die Welt ist offen", sondern sie können das erleben. – So bieten wir schon 1990 die ersten Bibelrüstzeiten in fernen Ländern an. Und von Jahr zu Jahr steigt die Zahl der Angebote und der Teilnehmer. Staunend stehen Jungendliche auf dem Monte Cinto auf Korsika und an den tosenden Atlantikwellen in Nordirland und rufen: „Mein Gott, wie schön ist deine Welt!"
Unsere Reisebusse, gefüllt mit Jungen, rollen nach Kroatien, in die herrlichen Berge Graubündens. Junge Erwachsene entdecken das Land Israel, schwimmen im See Genezareth und im Toten Meer, stehen betend an der Klagemauer in Jerusalem. Auf den Seen und Inseln Mittelschwedens erleben wir mit unseren Paddelbooten unvergessliche Tage.
Vieles hat sich verändert, eines bleibt uns wichtig. Unsere Bibelrüstzeiten sollen den Mittelpunkt nicht verlieren. Egal wo wir sind, jeder Tag beginnt mit der Stillen Zeit. Täglich gibt es die Stunde der Bibelarbeit, es gibt Angebote für persönliche Gespräche und viel gemeinsames Singen und Beten. Immer wieder danken wir Gott, dass unsinnige Mauern und Grenzbefestigungen endgültig der Vergangenheit angehören.

Der Zeitabschnitt von 1989 bis 2009 gehört zu den besonderen Höhepunkten meines Lebens. Da fällt mir das Bibelwort ein, mit dem mich Gott unmissverständlich aus dem geliebten Gärtnerberuf in den Diakonendienst gerufen hat: „Ich reiße dich heraus, ich führe dich ins Weite, denn ich habe Lust zu dir."

Volleyball

Unser Spiel bei allen Rüstzeiten nach dem bekannten Motto: „Überall, in jedem Fall, stets Volleyball!" Mitunter spielen wir, weil wir keine Netze und mitunter keine geeigneten Plätze haben, über eine gespannte Wäscheleine auf einem breiten Waldweg. Immer mit großer Begeisterung. Dass dieses Spiel eine Erfindung des YMCA/CVJM (Christlicher Verein Junger Männer) aus den USA ist, wussten wir nicht. Dass es uns in der DDR als junge Christen verboten war jeglichen Sport zu treiben, das wussten wir, haben das aber immer wieder vergessen.

Schon viele Jahre vor der friedlichen Revolution habe ich guten Kontakt zu Günther Wacker, einem Sportsekretär des CVJM Westbund, Sparte Volleyball. Kaum ist die trennende Mauer gefallen, liegt auf meinem Schreibtisch eine Einladung von Günther zu einem großen Volleyball open air in Kierspe (Sauerland), den „Deutschen Eichenkreuzmeisterschaften" im Sommer 1990. Der „Eichenkreuzsport" ist die deutschlandweite Sportarbeit des CVJM.

Erwartungsvoll machen wir uns auf den Weg. Uns erwarten 85 Mannschaften, eine großartige Sportanlage, ein beeindruckender Eröffnungsgottesdienst. Und dann fliegen die Bälle. In unwahrscheinlicher Weise wird unsere Mannschaft zusammengeschmettert. Ich kann das auf die Dauer nicht mit ansehen und krieche in mein kleines Zelt und rufe zu Gott: „Herr, du siehst, wie unsere Leute pausenlos verlieren. Gib doch bitte, dass sie jetzt nicht auch noch ihren Glauben verlieren." Zur feierlichen Abschlussstunde erfahren wir, dass die Mannschaft Annaberg-Buchholz den Platz 83 belegt hat. Beeindruckend. Auf der Rückfahrt denke ich im Blick auf die Bälle im Netz: „Ja, das war`s." Und ich habe mich wieder mal grenzenlos geirrt. Denn nun beginnt zähe Trainingsarbeit und eine ungeahnte Erfolgsstory.

Juni 1996 – Als erste sächsische Mannschaft nehmen die Herren des CVJM Annaberg an den „Deutschen Eichenkreuzmeisterschaften" teil. Platz 4.

Februar 1997 – Der CVJM Annaberg veranstaltet zum ersten Mal das „Schneesturmturnier" mit 36 Mannschaften und von da an jährlich.

Juni 1998 – Der CVJM Annaberg ist erstmalig Ausrichter der „Deutschen Eichenkreuzmeisterschaften". Die Damen gewinnen erstmals den Titel.

Juni 2004 – Die Damen werden zum vierten Mal „Deutsche Eichenkreuzmeister".

September 2004 – Der CVJM Annaberg wird zum zweiten Mal „Deutscher Eichenkreuzmeister"
im Volleyball-Mix-Turnier.

Es gibt Jahre, in denen in Annaberg acht Volleyballmannschaften spielen. Jedes Training, jedes Spiel beginnt mit Andacht und Gebet. Eine ganze Reihe junger Leute, die vorher mit Gott und Kirche nichts am Hut hatten, erleben Gemeinschaft junger Christen. Einige kommen zum Glauben, werden Mitarbeiter.

TEN SING

Eines Tages steht unsere Mitarbeiterin Beate Leonhard in der Tür. „Eberhard, wir gründen einen TEN SING". – „Nie gehört, was ist denn das?" – „Etwas Gutes!" – „Wenn das so ist, dann gründe einen TEN SING." Das ist die Geburtsstunde von „Teenager singen". In verschiedenen kleinen Arbeitskreisen wird ein erstes Programm zusammengestellt. Mit Chor und Pantomime, Theater und Musik. Nicht nur junge Christen wirken mit. Eingeladen sind alle, die Freude an TEN SING haben. Aufopfernd geben sich Mitarbeiter in die Programmgestaltung und dann kommt es zur Premiere im großen Saal des Turnerheims in Cranzahl. Es gibt ein Programm mit einer guten Botschaft. Der Erfolg ist

groß, der Beifall findet kein Ende. Das motiviert zu einem
weiteren Programm. Auch in umliegenden Gemeinden
kommt es zu TEN SING – Auftritten. Schließlich kommt
eine Einladung aus dem Raum Stuttgart mit fünf Auftritts-
angeboten. Diese Reisewoche gehört nun seit vielen Jahren zum festen Bestandteil der TEN SING – Arbeit. Dazu
kommen später Einsätze in Rumänien und die tatkräftige
Hilfe beim Aufbau von TEN SING in einem rumänischen
CVJM.

„Nimm dein Kreuz auf dich"!
Auch das Bundesverdienstkreuz?

Da liegt eines Tages ein Brief aus Berlin auf meinem
Schreibtisch. Die Mitteilung, dass Evilis und ich für das
Bundesverdienstkreuz vorgeschlagen worden sind, über-
rascht uns total. Die erste Reaktion ist ein „Nein". Da gibt
es sicher Menschen, die das viel mehr verdient haben und
was soll das Ganze denn. – Wir sind im Gespräch mit einigen Freunden. Nach langem Hin und Her sagt dann einer: „Jesus hat einmal gesagt, dass wir unser Kreuz auf uns

nehmen sollen. – Mitunter kann da auch ein Bundesverdienstkreuz dazu gehören."

So nimmt die Sache ihren Lauf. Die feierliche Überreichung soll für uns am 27.05.1997 in Dresden sein. Überraschend stehen 30 Minuten vor der Abfahrt einige Leute mit viel Technik in unserer Wohnung. Sie stellen sich vor als ein Team vom Mitteldeutschen Fernsehen und sie bitten um ein

Interview. Auch das soll geschehen. Nach ein paar Informationen über unsere Einsätze in den letzten Jahren und zur Zeit der DDR kommt dann noch eine interessante Frage. „Herr Heiße, und nun sagen Sie uns doch bitte woher nehmen Sie die Kraft für alles was da geschehen ist?" Was soll ich antworten? „Ach wissen Sie, es gibt in meinem Leben nicht nur Siege sondern auch Niederlagen, Rückschläge, Enttäuschungen. Die Kraft, die ich für meinen Dienst brauche, schenkt mir Gott." Kurze Pause und dann: „Senden Sie doch bitte meinen letzten Satz auch mit aus." Tatsächlich ist das auch geschehen. Endlich sind wir in Dresden. Zur Einstimmung gibt es gute Musik, von Vertretern der Landesregierung Ansprachen und dann die feierliche Überreichung unserer Kreuze. „Für unermüdlichen Dienst am Menschen vor und nach der friedlichen Revolution." Und dann gibt es wieder klassische Musik. Weingläser werden gereicht. Und da wir keinen Alkohol trinken, finden sich zwei Gläser Multivitaminsaft. Schon kommt die herzliche Verabschiedung. In einem Regal unseres Wohnzimmers liegen nun schon seit vielen Jahren die beiden Kästchen mit den Kreuzen. Über meinem Schreibtisch aber hängt das Kreuz aus Stacheldraht. Für mich immer wieder bedeutungsvoller.

Unruhestand

Für 1999 ist wieder mal ein Umzug geplant. Da beginnt der so genannte Ruhestand für Evilis, also mit 60 Jahren. Bis

dahin wird sie mit voller Kraft im Landratsamt arbeiten. Mein Ruhestand beginnt schon ein Jahr eher, da werde ich 65. So ergibt es sich, dass ich noch ein Jahr ehrenamtlich im Annaberger CVJM mitarbeiten kann. Die Kirchgemeinde teilt mir über Pfarrer Becher mit, dass sie sich freut, dass ich weiterarbeite und dass man es zutiefst bedauert, dass es dafür keine Bezahlung gibt.

Verabschiedung in St. Annen

Unvorstellbar, dass ich nun die Segel einziehe. Als ehrenamtlicher Mitarbeiter habe ich vor vielen Jahren in der Jugendarbeit begonnen und so soll es wohl auch ausklingen. In den vielen Jahrzehnten meines Dienstes ist mir immer deutlicher geworden, dass ohne ehrenamtliche Mitarbeit eine gesunde Jugend- und Gemeindearbeit nicht möglich ist. Nun kann ich mich wieder in die Schar der Ehrenamtlichen einreihen. Die Arbeit geht weiter. Reich Gottes wird gebaut, Rüstzeiten werden geplant und durchgeführt. Eines Tages kommt dann doch die große Verabschiedung in der St. Annenkirche. Wir schauen zurück auf 11 gesegnete, gute Jahre. Wir singen unsere Lieder, erfreuen uns an der Musik einer Querflöte und orientieren uns nach vorn. Am Schluss der Hauptveranstaltung gibt es dann noch eine Laudatio und schöne Geschenke zur Erinnerung. Habt Dank, ihr lieben Schwestern und Brüder von Annaberg, ihr Mitarbeiter mit all eurem Einsatz. Ich werde immer gern an die Jahre mit Euch zurückdenken. Als Text für meine

Ansprache wähle ich Worte aus dem Philipperbrief und jeder bekommt ein Stück Teakholz mit der Aufschrift: „Gott ist dir nahe auf allen Wegen."

Die jungen Leute strömen aus der St. Annenkirche, viele bleiben zurück und sammeln sich im Altarraum. Kerzen werden entzündet und auf die Stufen des Altars gestellt. In ihrem Schein knien und sitzen unsere Mitarbeiter und andere. Unsere Gebete und Lobgesänge steigen auf in das herrliche Gewölbe und in den Himmel. Auf ein Neues!

Das Heiße–Haus im Erzgebirge

Abschiedsstimmung ergreift mich und breitet sich aus. Die Berge sind meine Heimat. In Crottendorf steht mein Elternhaus. Fast unverändert seit über 70 Jahren. Auch die Anschrift hat sich trotz wechselnder Gesellschaftsordnungen nicht verändert: Forstshausweg 21. In diesem Haus bin ich groß geworden, hier lebten wir mit unseren Eltern, an die ich gern zurückdenke. Hier leben meine beiden Brüder mit ihren Familien. In den Stürmen meines Lebens kann ich bis heute immer im Heiße–Haus für Stunden oder Tage meinen Anker auswerfen. Es ist befreiend, im schönen erzgebirgischen Dialekt ungezwungen und lachend sich an längst vergangene Begebenheiten unserer gemeinsamen Kindheit zu erinnern. Immer wieder genieße ich beim Blick durchs Fenster die Berge und die nun wieder gesund gewordenen Wälder. Beim gemeinsamen Gang durch die Gärten ergeben sich dann meistens interessante Fachsimpeleien. Mein älterer Bruder trägt den Vornamen meines Großvaters, er heißt Fürchtegott Leberecht. Dieser Name ist Programm und Inhalt seines reichen und langen Lebens. Dieselbe Prägung hat bei aller Unterschiedlichkeit auch mein jüngerer Bruder Dietmar. Beide Brüder haben prächtige Frauen und Kinder. Es war eine gute Gewohnheit, dass wir in den 27 Jahren unseres Dienstes im Erzgebirge immer an einem Adventssonntag mit allen

Heiße–Familien gemeinsam feiern konnten. Dabei gab es stets perfekte Überraschungen beim Erscheinen des Heiligen Nikolaus in Gestalt von Evilis. Ihr lieben Crottendorfer Heißes, habt Dank für alle Gastfreundschaft. Habt Dank für euer treues und beständiges Fürbittegebet. Ihr habt mir damit durch manche Krisen hindurchgeholfen.

„Gab es denn überhaupt Opfer des Kommunismus?"

Hinter der Trinitatiskirche in Annaberg steht ein Mahnmal für die Opfer des Faschismus. Die Metallbuchstaben sind im Laufe der Jahre sehr schadhaft geworden. Beim Vorbeigehen kommt mir eines Tages eine gute, interessante Idee. In Zusammenarbeit mit den entsprechenden Stellen könnte der Text erneuert und ergänzt werden. „Erinnerung an die Opfer des Faschismus und Kommunismus." Gespräche werden aufgenommen und ich stoße auf totale Ablehnung. Undenkbar, Faschismus und Kommunismus in einem Atemzug zu erwähnen. Es finden sich noch einige Mitstreiter aus dem Bürgerforum und der CDU und gemeinsam überlegen wir weitere Schritte. Vom Rathaus kommt die geniale Idee, ein eigenes Denkmal an zentraler Stelle in der Stadtmitte zu errichten. Drei schwierige Klippen gilt es jetzt noch zu überwinden. Es geht um die Zustimmung im Stadtrat, die Bewilligung vom Denkmalsamt in Dresden und um die Finanzierung. Die öffentliche Sitzung im Stadtrat bleibt mir unvergessen. Unser Vorschlag zur Errichtung des Denkmals findet breite Unterstürzung bei der CDU und beim Bürgerfo-

rum (ehemals Neues Forum). Die Ablehnung kommt von der PDS (ehemals SED, heute „Die Linke"). Die Debatte wird leidenschaftlich und explodiert nach der Anfrage der PDS: „Gab es denn überhaupt Opfer des Kommunismus?" Ein CDU- Vertreter springt empört von seinem Stuhl und ruft zu den Linken: „Es ist sinnlos mit Ihnen über dieses Thema zu reden." Es kommt zur Abstimmung und mit großer Mehrheit sprechen sich die Stadtverordneten für die Errichtung des Denkmals aus. Jetzt kommt die zweite Klippe. Daran wären wir fast gescheitert. Das zuständige Denkmalsamt in Dresden. Mein erster Anruf ist Erfolg versprechend. In gutem Sächsisch höre ich: „Nu warum denn nich? Das gönn Se schon machen. Aber wardense mal noch ne Woche. Der letztlich zuständige Mann gommt da ausn Ferien. Rufn Se noch mal an!" Die Woche vergeht. Siegessicher wähle ich noch mal das Denkmalsamt. Nachdem ich mein Anliegen erklärt habe, dringen fremde Laute an mein Ohr. In unverkennbarem Schwäbisch bekomme ich gesagt: „Ja wissen Sie, so einfach ist das nicht. Bevor Sie weiter handeln, sollten Sie sich erst einmal intensiv mit der Ideologie des Kommunismus beschäftigen." Mir bleibt die Spucke weg und ich kann nur noch murmeln: „Wissen Sie, das habe ich schon 40 Jahre lang gemacht". Das Gespräch ist beendet. In welcher Weise die Gespräche in Annaberg weiter gelaufen sind, weiß ich nicht mehr. Auch nicht, wie die Finanzierung zustande gekommen ist. Eines Tages aber steige ich mit Jens Roschinsky im Hermannsdorfer Steinbruch über die Felsblöcke. Endlich haben wir einen großen Felsen entdeckt der uns gut geeignet erscheint. Ein Steinmetz übernimmt die weiteren Arbeiten. Pünktlich am 4.11. 1999 genau 10 Jahre nach unserem ersten denkwürdigen Friedensgebet in der Methodistenkirche mit anschließender Demo treffen wir uns wieder in dieser Kirche. Wir singen, beten und schauen dankbar zurück. Wir sind längst nicht so viele wie 1989. Für viele ist das „Schnee von gestern". Viele sind nach 40 Jahren Gejammere in der DDR wieder ins Jammern gekommen.

Noch einmal gehen wir den Weg vom Emilienberg ins Tal und dann am ehemaligen SED-Gebäude vorbei. - Nur wenige Meter davon entfernt in der Poststraße direkt vor der alten Stadtmauer steht, noch verhüllt, unser Denkmal. Wir stellen unsere Kerzen ab und es kommt zu einer kurzen Ansprache (Auszug):

Im Namen des Aktionskreises 4.11.89 möchte ich Sie herzlich begrüßen. Wir haben für unser Mahnmal einen interessanten symbolstarken Platz gefunden. Es steht dicht an unserer Stadtmauer. Im Mittelalter wurden Mauern errichtet zum Schutz vor Feinden. Also nach außen gerichtet. Das scheußlichste Bauwerk dieses Jahrhunderts war eine Mauer. Sie teilte unsere Hauptstadt und unser Land. Durch vorgelagerte Minenfelder war sie unüberwindlich. Aber diese Mauer war nach innen gerichtet. So hatte diese Mauer die Bedeutung einer Gefängnismauer. Keiner konnte das Gefängnis verlassen.

Unser Mahnmal steht auch in unmittelbarer Nähe der ehemaligen Kreisleitung der SED. Für die Situation in der DDR war letztlich nicht die Stasi verantwortlich, sie war nur „Schwert und Schild der Partei". So handelt es sich bei allem was geschehen ist nicht um ein paar bedauerliche stalinistische Übergriffe. Was geschah, wurde von der Partei entschieden und die Partei hatte, wie es in einem ihrer Lieder heißt „immer und immer recht". Es geht uns bei der Errichtung des Mahnmals nicht um alte Wunden und Gräben, die wir aufreißen wollen, nicht um Hass gegen Menschen. Vertreter des Neuen Forums haben sich bei den Demos 1989 schützend vor die Einrichtungen der Stasi gestellt und in den Kirchen der DDR wurde bei den Friedensgebeten zur Gewaltlosigkeit aufgerufen. Dies ist auch die Botschaft von Jesus Christus. Es darf nicht um neuen Hass gehen.

Warum haben wir dieses Mahnmal errichtet? Zwei Ideologien haben in diesem Jahrhundert Europa und darüber hinaus viele andere Länder geprägt. Der Faschismus und der Kommunismus. Beides darf sich nie mehr wiederho-

len. Und auf dieser Ebene von Toleranz zu reden ist unverantwortlich.

Nach dem Zusammenbruch des Dritten Reiches wurde gesagt: „Seid wachsam! Der Leib ist fruchtbar noch aus dem
dies kroch." Diese Warnung muss mit allem Nachdruck
auch im Blick auf die kommunistische Ideologie gesagt
werden. Diese Theorie war ein phantastischer Traum. Die
Auswirkungen waren weltweit große menschliche Katas-
trophen. Und die dürfen sich nie wiederholen. Wir erinnern an 90 Millionen Tote in China, in der Sowjetunion,
in Kambodscha und vielen anderen Ländern. Wir erinnern
an die über 200.000 politischen Häftlinge, die allein in der
Zeit von 1945 bis 1950 in ehemaligen KZs und anderen
Speziallagern unter furchtbaren Bedingungen leben mussten. Etwa 90.000 kamen darin ums Leben.

Wir erinnern an die etwa 50.000 Menschen in den sogenannten Zonenrandgebieten. In der „Aktion Ungeziefer"
wurden sie unter unmenschlichen Bedingungen zwangs-
umgesiedelt.

Wir erinnern an die Ungezählten, die an der Mauer und
Grenze erschossen wurden, nur weil sie das „rote Paradies" verlassen wollten. Wir erinnern an etwa 190.000, die
von 1950 bis 1989 aus politischen Gründen verhaftet, verurteilt und inhaftiert wurden.Wir erinnern an die 19 Schüler der EOS in Werdau, die zu insgesamt 130 Jahren Zuchthaus verurteilt wurden, weil sie Flugblätter gegen die SED
verteilten.

Nun folgt der Bericht eines ehemaligen politischen Gefangenen, der in Cottbus inhaftiert war:

Bei aller Unfähigkeit des DDR Regimes. Eines haben sie
meisterhaft verstanden: die Spuren ihrer Gewalt zu verwi-
schen. Und dieser Prozess läuft bis heute. In den Schulen,
in der Presse, überall wo es Einflussbereiche gibt, wird der
dunkle Schatten von alten unbelehrbaren Anhängern ver-
harmlost, ignoriert. Geschichte muss aufgearbeitet werden.
Wahrheit muss beim Namen genannt werden. Möchten die
Bürger dieser Stadt und die vielen Touristen durch unser

Mahnmal immer wieder neue Impulse bekommen. Und die Ungerechtigkeit, die es heute gibt? Da es keine idealen Menschen gibt, wird es auch keine ideale Gesellschaftsordnung geben. Nach einer braunen und roten Diktatur sehnen wir uns aber nicht mehr. Lasst uns gemeinsam dafür einstehen, dass sich in unseren Dörfern und Städten, dass sich in unserem Land Demokratie verwirklicht. Gott gebe uns dazu die Hoffnung, die Geduld und die Kraft.

Ende und Anfang
(Sonnewalde ab 1999)

Kiefernmeer. Sandmeer. Sonst nichts mehr?

Im Herbst 1999 rollen wir in Richtung Norden, in die Mark Brandenburg in die Heimat von Evilis. In Sonnewalde, einem kleinen Ackerbürgerstädtchen, steht das Kaufmannshaus ihrer Großeltern und Urgroßeltern, das sie geerbt hat. Mit hohem Kostenaufwand ist es in den letzten Jahren restauriert worden. Hier wollen wir wohnen. Die nächste Station in unserem bewegten Leben. Wir sind voller Erwartungen. Für mich geht es in die Tiefe. Dafür gibt es verschiedene Gründe. Ich hätte es als Gärtner wissen müssen. Alte Bäume haben beim Verpflanzen mit besonderen Schwierigkeiten zu rechnen. Zumal wenn sie in einen anderen Boden gepflanzt werden. Es fällt mir sehr schwer mich einzuleben. Wo sind die Berge? Die höchsten Erhebungen sind hier die Zuckerrüben. Die Mentalität der Menschen ist anders, die Gemeinden scheinen auf den ersten Blick am Boden zu liegen. Ich habe mehr als Heimweh. Dunkle Wolken vertreiben das Licht, der glimmende Docht scheint doch zu verlöschen. Wie geht es weiter? Geht es überhaupt weiter? Auch das Zusammenleben in der Ehe ist durch die neu entstandene Situation belastet. Wie oft habe ich anderen davon erzählt, dass Gott gerade in Dunkelheiten ganz nahe ist. Nun muss ich mir es selbst erzählen und ich spüre die Nähe Gottes nicht. Wo ist mein Glaube? Eine ganze Weile bleibe ich in der Finsternis. Dann handelt Gott.
Eine ältere Dame spricht mich im Laden an: „Sie sind doch zugezogen, haben Sie Interesse an einen Garten? Ich kann ihn nicht mehr bearbeiten." Wir machen einen Ter-

Mein Garten - Gottes gute Schöpfung

min aus im Gartengrundstück „Die Bleiche". Was ich vorfinde ist ein total verwilderter Garten mit einigen Erdbeerbeeten. Meterhoch wachsen die Brennnesseln. Mein Herz frohlockt. Wo Brennnesseln wachsen ist sehr guter, stickstoffreicher Boden. In einer halb zusammengefallenen Bude steht ein alter Spaten. Ein paar Spatenstiche überzeugen mich. Humusreiche, tief schwarze Erde. Ist das möglich? Ein paar hundert Meter weiter liegt schon die typisch brandenburgische Sandwüste. Für ein paar D-Mark schließen wir einen Pachtvertrag ab. Am nächsten Tag geht es an die Arbeit. Stück um Stück des Gartens wird urbar gemacht. An den Abenden bin ich total erschöpft. Todmüde sinke ich ins Bett. Zum Grübeln und resignieren gibt es keine Zeit mehr. Während die eine Hälfte des Gartens noch von Brennnesseln und Disteln beherrscht wird, säe und pflanze ich bereits im fertigen Teil Blumen und Gemüse. Die Ergebnisse sind unglaublich. Über drei Meter hohe Sonnenblumen und hervorragendes Gemüse erfreuen unser Herz. Schon wird der erste Frühbeetkasten gebaut. Die Gärtnerleidenschaft hat mich wieder mal gepackt. Ab und zu schaue ich aufs Nachbargrundstück. Über 10 Jahre lang ist darauf nichts angebaut worden. Dort wachsen neben den genannten Wurzelunkräutern auch schon mittelstarke Erlen. Ein Gespräch mit dem Besitzer eröffnet neue Perspektiven. Bald fällt der Zaun und es gibt neue Arbeit. Bäume und Sträucher werden gepflanzt und mein großer Obst-, Gemüse- und Ziergarten entwickelt sich zum Paradies. Das Ganze findet dann noch seinen Abschluss mit dem Bau eines wunderschönen Gartenhäuschens. Sieben Mitarbeiter des CVJM Annaberg errichten es mir zum Geburtstag in einem sagenhaften Einsatz. Wir nehmen alles aus Gottes Hand.

Auch in der Gemeinde gibt es in wachsendem Maße neue Arbeit. Da ist der Boden längst nicht so fruchtbar wie in unserem Garten, sondern sehr sandig, sehr steril. Das hat vielerlei Gründe. Dringend werde ich gebeten den Konfirmandenunterricht zu übernehmen, daraus entsteht später ein Jugendkreis. Und wieder fahren wir zu Rüstzeiten nach Bornholm, Grünheide und an andere Orte.

Dringend werde ich gebeten Gottesdienste zu halten und ich kann nicht nein sagen. Mit sehr viel Einsatz und Aufwand bereiten wir eine ProChrist-Woche vor. In der Aula unserer Schule in Sonnewalde sammeln sich bis zu 200 Menschen an den Abenden. Der erhoffte große Durchbruch bleibt aber aus. Oder wurde hier Saat ausgestreut, die lange Zeit im Sandboden liegenbleibt, ehe sie aufgeht? Bei der Vorbereitung zu dieser Aktion konnten wir aber Christen kennenlernen mit denen wir bis heute eng verbunden sind. Geschwister aus der Landeskirchlichen Gemeinschaft und aus der Freikirche. Ich bewundere ihren Einsatz, ihre Treue und ihre scheinbar grenzenlose Geduld, hier zu missionieren. Immer wieder neu. Eines Tages höre ich mit Verwunderung, dass im nahe gelegenen Doberlug- Kirchhain ein evangelisches Gymnasium eröffnet werden soll. Ein mutiger Pfarrer mit sehr viel Gottvertrauen gründete schon bald nach der Wende evangelische Kindergärten und Schulen. Aber nun ein Gymnasium? In dieser Gegend? Meine Verwunderung wird noch größer als eines Tages die Anfrage kommt, ob ich nicht dort Religionsunterricht geben könnte. Mein Einsatz würde gebraucht. Wir beten lange um eine richtige Entscheidung. Eines Tages stehe ich dann vor einer 7. Klasse und unterrichte, erkenne aufs Neue, welche Chancen wir nun nach der friedlichen Revolution haben. Viele Schüler haben keinerlei Verbindung zu Kirche und Gott. Aber ich bin zutiefst überzeugt davon, dass Gott jeden einzelnen liebt. So beginnen die ersten Unterrichtseinheiten mit der Frage nach Gott, dem Gebet, der Bibel. Darauf wird aufgebaut. Mit Freuden können wir jedem Schüler, bis heute sind es über 300, ein kleines Gideon-Testament schenken. Viele halten zum ersten Mal Gottes Wort in der Hand, hören zum ersten Mal die Geschichten von Menschen, die tiefe Erfahrungen mit Gott gemacht haben. So ist ganz ungeahnt noch einmal die Jugendarbeit in die Mitte meines Lebens getreten. Als 15jähriger hat mein Leben durch Christus neuen Sinn und Orientierung gefunden. Viele Jahrzehnte konnte ich Tausenden jungen Menschen diesen guten Weg anbieten. Und auch am Schluss meines Lebens habe ich diese Chance noch einmal bekommen. Solange Gott mir die Kraft schenkt, möchte ich für ihn da sein und in einer Welt, die vom Tod gezeichnet ist, die Botschaft vom Leben weitersagen.

Interessant ist auch, dass sich nun doch in Sonnewalde ein kleiner CVJM gegründet hat. Es ist mein Gebet, dass Gott diesen Kreis wachsen lässt.

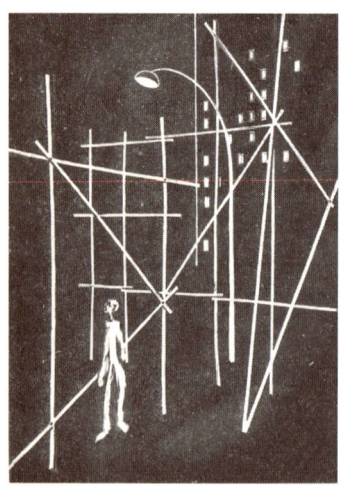

„Rufer in der Wüste"
Holzschnitt von Herbert Seidel

Trotzdem fühle ich mich hier oft wie ein Rufer in der Wüste. Manchmal bin ich auch müde. Oder ist das schon eine Alterserscheinung? Der Himmel scheint weithin verschlossen zu sein. Ich frage nach den Ursachen und weiß, dass es nur mangelhafte Antworten darauf gibt. In der Geschichte dieses Landes gab es nie starke geistliche Aufbrüche oder Erweckungen. Warum nicht? Mitunter denke ich an Gespräche mit hauptamtlichen Mitarbeitern der evangelischen Jugendarbeit während und nach meinem Studium in Berlin. Immer war die Tendenz zu spüren, unsere weithin pietistische Jugendarbeit in Sachsen zu belächeln. Wir waren die von vorgestern mit unseren Themen, unseren Liedern, unseren Jugendwarten, unserem Stil der Rüstzeiten. Liegt die Ursache der zum Teil leeren Kirchen in der nördlichen Hälfte der Neuen Bundesländer zum Teil nicht auch an der theologischen Ausrichtung vieler hauptamtlicher Mitarbeiter, und dass Bibel und Gebet, Beichte und Bekehrung, die Botschaft von der Wiederkunft Jesu und seiner ewigen Herrlichkeit eine sehr untergeordnete Rolle spielen?

Nun leben wir schon fast 10 Jahre in Sonnewalde. Vor 20 Jahren war die friedliche Revolution. Für die junge Generation ist das alles schon Geschichte. Andere werden in den Monaten des Jahres 2009 zurückschauen. Was wird sie dabei bewegen?

Ich erlebe viele Menschen, natürlich nicht nur in Brandenburg, die unter einem eigenartigen Gedächtnisschwund leiden. Dabei denke ich immer wieder mal an die biblische Geschichte des Volkes Israel unter Mose. Da gab es ähnliche Symptome. Nach einer fast endlos erscheinenden Zeit der Sklaverei naht endlich der Tag der Befreiung. Aufbruch in ein Neues! Friedliche Revolution, die Massen kommen in Bewegung. Aufbruch in Richtung Osten. Jetzt kommt es zu einem dramatischen Geschehen am Roten Meer. Vor dem Zug der Israeliten die Wasserfluten, hinter ihnen die ägyptischen Eliteeinheiten des Pharao mit dem Befehl, die billigen Arbeitssklaven zurückzuholen. Verzweiflung macht sich breit und da geschieht ein Wunder. Die Fluten teilen sich, das Volk zieht unbeschadet ans andere Ufer. Was jetzt geschieht ist unbeschreiblich und vielleicht nur zu vergleichen mit dem Tag des Mauerfalls in Berlin. Ein ganzes Volk fällt in jubelnde Ekstase. Das Kapitel Sklaverei ist abgeschlossen. Gott hat uns durchs Rote Meer geführt. Aber noch ist das Ziel nicht erreicht.

Der Weg ins Land der Väter, ins Gelobte Land, führt durch große Wüstengebiete. Wüsten bedrohen. Die Feierstimmung ist bald vorbei. Der Menschenzug setzt sich in Bewegung mit Männern, Frauen und Kindern. Anschaulich schildert die Bibel die Situation des Volkes in der Wüste. Sehr bald kommen die Probleme. Es ist alles nicht so wie gedacht und erhofft. Es gibt Wasser- und Lebensmittelmangel, Bedrohung durch feindliche Stämme. Immer wieder erfahren sie die Hilfe ihres Gottes, aber immer wieder verfallen sie in Resignation. Eines Abends geht Mose noch einmal durch das Lager seiner Leute. Und da hört er zum ersten Mal ein Murren, das später immer lauter wird. „Wären wir doch in Ägypten geblieben" sagt einer. „Ja", meint ein zweiter, „da hatten wir wenigstens zu essen und zu trinken. Es wurde für uns gesorgt. So schlecht war es eigentlich gar nicht". Und ein dritter schimpft: „Das haben wir alles diesem Mose zu verdanken. Diese elende Wüste. Wir wollen zurück!"

„Mein Volk leidet unter Gedächtnisschwund", denkt Mose beunruhigt. Die Sklaverei, die Diskriminierung, die mangelnde Reise- und Meinungsfreiheit und vieles mehr, haben sie denn alles vergessen?" Alles vergessen. 40 Jahre DDR. Keine Meinungs-, Reise- und Pressefreiheit. Alles vergessen. Den stinkenden Trabi, bis zu 15 Jahre hat eine Familie auf die Auslieferung warten müssen, der nun sogar zum Kultfahrzeug wird. Alles vergessen. Die leeren Obst- und Gemüse - HO (Verkaufsstellen der sozialistischen Handelsorganisation), die furchtbaren Straßenverhältnisse und vieles mehr. Wer denkt denn noch daran? In der DDR wurde für uns gesorgt. Da gab es Sicherheiten. Die Lebensmittel waren billiger. Und es gab keine Arbeitslosen. Eigentlich hatten wir es uns im Käfig hinter den schützenden Gittern ganz gemütlich eingerichtet. Natürlich haben wir auch gejammert im Blick auf die tollen „Westautos", gern hätten wir mal „Westschokolade" gegessen und wären nach Mallorca gefahren. Wie kam es eigentlich zur Revolution? Wer hat denn da geschrien „Wir sind das Volk!" und später „Wir sind ein Volk!" War das nicht der Wunsch von Millionen Menschen in diesem Land? Was Kapitalismus bedeutet,

184

wusste doch wirklich jeder. Durch Schule und NVA, durch die DDR-Fernsehsendung „Der schwarze Kanal" von und mit Karl-Eduard von Schnitzler und anderen Demagogen. Verwunderlich, dass für viele schon bald das neue und berüchtigte Ossi-Jammern einsetzt. Bis heute umgibt es mich. Ich leide darunter. Aber es kann wohl auch nicht anders sein bei Menschen, denen der materielle Wohlstand alles bedeutet, die keine Hoffnung auf die Ewigkeit, auf das Gelobte Land haben. Es macht mir Sorge, dass Menschen in dieser Jammerhaltung eine leichte Beute für Parteien wie „DIE LINKE" und „DIE RECHTEN" werden. Aber schließlich braucht jeder eine Hoffnung und so lassen sich viele zum Teil von denselben Leuten betrügen, von denen sie schon einmal betrogen worden sind und man wählt sie wieder. Unglaublich! Wieder gibt es Enttäuschungen und es wird weiter gejammert bis zum letzten verzweifelten und hoffnungslosen Jammerschrei im Sterben. Dafür habe ich dann Verständnis, weil es für viele die Vorahnung sein wird, dass nun alles aus ist. In das Gelobte Land, in den Himmel, werden ja nicht alle kommen, sondern nur die, die an Jesus Christus glauben und ihm allein vertrauen. So steht es in der Bibel. So ist es. Ganz bestimmt!

Und wo bleibt die Familie?

Vieles in meinem Leben habe ich richtig gemacht. Manches war falsch. Und dann gibt es Entscheidungen, wo mir bis heute nicht klar ist, ob sie falsch oder richtig waren. Dazu gehört der Weg im Spannungsfeld von Familie und Dienst. Bis in die Nächte hinein haben wir bei den Zusammenkünften der Jugendwarte über dieses Thema gesprochen und gestritten. Es wurde bald klar, dass es in dieser Frage kein festes Raster gibt. Auf keinen Fall darf unser Dienst Flucht aus der Familie sein. Jeder kann in seiner Verantwortung vor Gott und der Familie unterschiedlich entscheiden. Dabei kann's auch Fehlentscheidungen geben. Von den Belas-

Wir haben neue Möglichkeiten! Zu DDR-Zeiten haben wir davon nur träumen können. Mit diesem Riesenplakat direkt an der Bundesstraße 96 vor der Kirche in Sonnewalde bringen wir den Vorbeieilenden die wichtigste Botschaft der Welt. Sie soll Menschen zum Nachdenken über ihr Leben anregen, das ja irgendwann einmal zu Ende ist. Regelmäßig kommen neue Texte auf die Tafel.

tungen die Evilis trug, habe ich erzählt. Die vielen Jahrzehnte hindurch hat sie nicht nur die Notwendigkeit eines starken Einsatzes ihres Mannes im Dienst für Jesus gesehen, sondern als Frau im Glauben unterstützt. Natürlich gab's auch Situationen, wo aller Einsatz bis an die Grenzen und darüber hinausging. Sicher bin ich für meine Kinder zu wenig da gewesen und dabei schuldig geworden. Aber es war auch gut, dass unsere Kinder an ihren Eltern nicht einen 0815 bürgerlichen Lebensstil, sondern einen großen Einsatz für eine große Sache ablesen konnten. Es hat sie für ihr Leben motiviert. Die Erkenntnis, dass die Welt von Menschen lebt, die mehr tun als ihre Pflicht. Wie würde ich heute im Spannungsverhältnis Familie und Dienst die Schwerpunkte setzen? Ich weiß es nicht. Dankbar bin ich, dass ich die Vergebung durch Christus, die ich ungezählten jungen Menschen zugesprochen habe, auch für mich immer wieder in Anspruch nehmen konnte und kann. Dankbar bin ich, dass unsere Kinder, obwohl sie ihren Vater zu wenig hatten, über Höhen und durch Tiefen einen guten Weg gehen. Gott sei Dank!

Evilis. Ein Zeitungsbericht.

Wenige Tage vor unserem Wegzug von Annaberg-Buchholz erscheint in der Tageszeitung „Volksstimme" folgender Bericht unter der Überschrift „60 Jahre ohne Fernsehen: Zeit zum Bewältigen von Problemen.":
ANNABERG. „Ich bin kein Mensch, der zurückblickt, wir haben genug Probleme", erklärt Evilis Heiße nachdenklich. Im Haus stehen gepackte Kisten und Kartons. Gewissermaßen „an den Ursprung zurück" gehen die Heißes, nach Sonnewalde in Brandenburg. Dazwischen liegen für die Gleichstellungsbeauftragte des Landkreises 60 Jahre spannendes Leben voller Höhen und Tiefen mit mehreren Umzügen und interessante Erfahrungen. Vom Gottesdienst kommt sie, sagt, heute hätte sie einen Tiefpunkt. Ihre

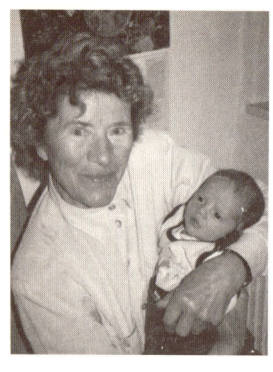

Evilis mit ihrem 10. Enkelkind Kyrill

Gefühle fahren Achterbahn, jagen zwischen Freude auf die Zukunft in ihrer alten Heimat und der Angst vor dem Abschied. „Fast die Hälfte meines Lebens war ich im Erzgebirge, davon elf Jahre in Annaberg", überlegt sie.

Von ihren Wurzeln erzählt sie. Davon, dass sie als Kriegskind ihren Vater nur vom Urlaub her kannte. Mit fünf Jahren im Kriegschaos eingeschult entwickelte sich in ihr der Traum „irgendwas in der Kirche" zu werden. Doch sie wurde zunächst Verkäuferin, weil der Opa mit väterlicher Hand das so wollte. Sie sollte doch mal den Kaufmannsladen erben. Mit 18 zog sie nach Berlin, ließ sich zur evangelischen Kindergärtnerin ausbilden und lernte ihren Eberhard kennen. Nach drei Jahren Eberswalde und neun Jahren Artern an der Unstrut verschlug es die Heißes mit ihren vier Kindern Stefan, Susanne, Judith und Tabea nach Marienberg, wo die Jüngste, Esther, geboren wurde. Halt fand sie überall in den Gebetskreisen – der „Kampfgruppe", in der alle Schwierigkeiten gemeistert wurden. Fernsehen gab es bei Heißes noch nie, dafür viel Zeit für Probleme, anspruchsvolle Bücher und Monopoly. „Wir sind richtige Spieler", verrät das Energiebündel. Und über die Stasi-Geschichte seien sie auch gut hinweg gekommen. Auch darüber, dass es Bekannte waren, die zu Verrätern wurden. „Wir haben allen, die uns bespitzelten, vergeben. Mit Gottes Hilfe kann man das". Sie war es, die zur Wende-Demo ein Schild hochhielt: „Wir haben keine Zeit für Rache – das allein ist Gottes Sache". Landwirtschaft, Forst, Natur – dafür brennt das ursprüngliche „Kind vom Lande" und angesichts ihrer ehrenamtlichen Arbeit bei der Umweltgruppe Marienberg taut sie richtig auf. „Mit einem Versuch haben wir bewiesen, dass Sonnenblumen die Auto-Abgase abfangen und die Kartoffeln dahinter schützen", sprudelt es aus ihr heraus. Mit dem Fernglas beobachtete sie die Bauern und wenn die Oma dreimal winkte, dann lief Evilis auf das Feld, um das Heu mit einzufahren. Kaum in Annaberg, gründete Evilis ihre Umweltgruppe „Grünes Kreuz", besprach an ihrem 49. Geburtstag, genau vor elf Jahren, die ersten Arbeitseinsätze. Nach 30 Jahren Muttersein – die Kinder waren zum Großteil aus dem Haus – folgte der Sprung zurück ins Arbeitsleben. Angst hatte sie davor, den Aufgaben nicht gewachsen zu sein, als man ihr einen Posten im Landratsamt für die Frauenarbeit anbot. „Probleme arbeitender Frauen im Drei-Schicht-System kannte ich ja gar nicht." Musste sie auch nicht, denn viele Frauen fielen durch Arbeitslosigkeit in ein Loch. Genau dort spann die erfahrene Mutter ein Netz, das den Kummer jener auffing. Denen zu helfen, die sich benachteiligt sehen- darin sah und sieht sie nach wie vor die Aufgabe einer Gleichstellungsbeauftragten. Sechs Familienzentren im Landkreis hat sie mit aufgebaut, zahlreiche Projekte angeschoben.

Jetzt möchte sie das Feld für Jüngere frei machen, und das, obwohl ihr bis zum Rentenanspruch ein Jahr Arbeitszeit fehlt. Die Sehnsucht nach Ruhe und das mal wieder Ich-Sein-Können sind es, die sie dazu treiben. Der Neuen wünscht sie, dass sie die Gabe hat, sich zu profilieren. Ob sie sich einen Mann an ihrer Stelle denken könnte? „Ein Mann? Da brauchen wir gar nicht erst anzufangen. Es geht um Fraueninteressen. Da müssen Frauen kämpfen, mit all ihren traumhaften Eigenschaften."

Noch nicht in Sonnewalde eingezogen, hat sie dort schon der Bürgermeister beschlagnahmt. In drei Jahren steht die Jahrtausendfeier an. Doch bis es soweit ist, werden die Heißes wohl noch einige Male im Erzgebirge vorbeischauen, denn „die Momente des Auftauchens sind gesichert", zwinkert sie mir zu.

Stephan

In Eberswalde, nördlich von Berlin, wurde er uns geboren. In der Geborgenheit Blütenbergs, diesem malerischen Fleckchen am Rande der Schorfheide, unserer ersten Arbeitsstelle, konnte er seine ersten Lebensjahre verbringen. Aber bald erlebte er seinen ersten Umzug nach Artern und dort auch seine ersten Schuljahre und die ersten Konfrontationen mit den politischen Machtverhältnissen. Obwohl es in der DDR fast selbstverständlich war, dass die Kinder zu den jungen Pionieren und später zur FDJ gingen, entschieden wir anders. Bei all unseren Kindern.

Unvergesslich, ein 1.Mai. Während sich überall in der Stadt Kinder, Jugendliche und Erwachsene zum für alle befohlenen Demonstrationszug sammelten, gab es bei uns Vorbereitungen für eine ganz private Maienfahrt ins Grüne. Endlich waren die Fahrräder bepackt. Wir fuhren los. Ohne dass wir es so geplant hatten, fuhren wir der Maidemonstration entgegen. Über die ganze Straße hinweg strömte uns ein Meer von blauen und roten Fahnen entgegen. Wir fuhren allein gegen den Strom. Die Blicke der Demonstranten, die uns trafen, waren sehr unterschiedlich, gleichgültig, ablehnend, feindlich, aber auch bewundernd und neidisch. So hat Stephan mit seinen Geschwistern von klein auf erlebt, dass Christen gegen den Strom schwimmen können.

Stephan und Fabian

Wenn die Pioniere ihre Feste feierten, gestaltete Evilis für unsere und auch andere Kinder Feste, die alles andere tief in den Schatten stellten. Natürlich hatte unsere Haltung, bis hin zur Ablehnung der Jugendweihe, ihre Konsequenzen.

Es war uns klar, dass der Besuch der EOS (erweiterte Oberschule, heute Gymnasium) für unsere Kinder nicht möglich war und damit auch kein späteres Studium. So begann Stephan nach der 10. Klasse, mit 16 Jahren, die Gärtnerlehre in Marienberg und bestand diese auch sehr gut. Sein Herz aber schlug für Autos. In seinem kleinen Zimmer wurden immer mehr schmale Regale für seine alles geliebten Matchbox-Autos angebracht. Unsere Bekannten und Verwandten wussten natürlich um diese Sammelleidenschaft. Und so wurde Stephans Autoflotte immer größer. Die DDR- Spielzeugindustrie versuchte, sie mit billigen Plastikprodukten nachzuahmen, doch es waren jämmerliche Ergebnisse. Und die zugelassenen Automodelle konnte man an 10 Fingern ablesen.

Es war also naheliegend, dass Stephan seinen Beruf wechselte und seine Arbeit im VEB Kraftverkehr Marienberg begann. Wie zuvor geschildert, wurde er dann 1981 auf dem Weg zur Arbeit von Beamten der Staatssicherheit auf offener Straße verhaftet. Zweieinhalb Jahre Gefängnis wegen Staatsverleumdung – ein Urteil im „Namen des Volkes" wurde ausgesprochen. Es waren schlimme Jahre, die er im Strafvollzug Brandenburg zubringen musste.

Nach seiner Entlassung, wird Stephan eine neue Arbeit im VEB Mechanisierung zugewiesen. Seine Anette blieb ihm auch durch die Haftjahre hindurch treu und sie heirateten. In Venusberg, einem kleinen Ort im Erzgebirge, beginnt Stephan 1986 unter großen Schwierigkeiten ein Haus zu bauen.

Nun war Platz für die wachsende Familie. Bastian, Dominic und Fabian bringen Leben in das Haus und den wunderschönen Garten. Da Anette als Pharmaziereferentin sehr viel unterwegs sein muss, kommt jetzt für Stephan eine lange Zeit, in der er sich um seine heranwachsenden Söhne kümmern kann. Die Mitarbeit in der Verkehrswacht bringt den nötigen Ausgleich. Nun sind die Jungen groß geworden. Bastian arbeitet als Krankenpfleger in der Schweiz, in Zürich. Dominic an der Weimarer Bau-Haus Akademie.

Und Fabian bereitet sich auf das Abitur vor. Wir freuen uns, dass Stephan jetzt ein neues Projekt in Angriff genommen hat: „Die Gründung der VC Autovermietung".

Dass er jeden Sonntag zum Gottesdienst geht, ist ganz sicher mehr als gute erzgebirgische Tradition. In den Dunkelheiten der DDR – Gefängniszellen, hat er die Nähe Gottes und Kraft des Gebetes gespürt. Das hat ihn durch ein ganzes Leben bis heute getragen.

Lieber Stephan, Gott segne auch Deinen weiteren Weg!

Susanne

Ein Jahr später als Stephan wurde sie ebenfalls in Eberswalde geboren. Schulzeit in Artern und dann in Marienberg. Ihre Haltung wurde geprägt durch alles, was sie in der Familie und im Einsatz ihrer Eltern miterlebt hat. Konsequent in ihrer Überzeugung lehnt sie in der Schule das obligatorische Schießen mit Gewehren in der vormilitärischen Ausbildung ab. Auf die Frage hin: „Warum sie ablehnt?", antwortet sie: „Meine Mutter musste Jahre nach der Beendigung des Krieges in der Schule lernen: Wenn ein Deutscher noch einmal ein Gewehr anfasst, dann soll ihm die Hand abfallen. Und das möchte ich doch nicht." Trotz guter schulischer Leistungen wird ihr wegen mangelnder gesellschaftlicher Beteiligung der Besuch der EOS verwehrt. Susanne beginnt mit 16 Jahren in Naumburg ihre Lehre als Buchbinderin.

In ihrer Teenager-Zeit geschah etwas Ungewöhnliches. Eines Tages steht vor ihrem Zimmer auf dem Flur ihr Bett. Auf dem Fußboden im Zimmer, wo ehemals das Bett stand, liegen Felle. Beim Abendbrot unterhalten wir uns über dieses Problem. Ihr überzeugendes Argument war: „Die Indianer haben auch keine Betten.". Die Indianer! Alle verfügbaren Indianerbücher wurden gelesen. An der Wand hing großformatig auf Karton geklebt die Landkarte der USA und Kanadas. Natürlich kannte sie sämtliche

Namen der Bundesstaaten und Städte dieser Länder. Aber eines Tages zuckte ich zusammen. An einem Balken sehe ich ein paar verrostete Handschellen und darunter aus Leder Buchstaben zusammengesetzt: „CANADA – ICH KANN NICHT KOMMEN!"

Nach ihrer Lehre bekommt sie eine Stelle in Leipzig. Im Frühjahr 1981 besucht sie ihren Bruder Stephan im Strafvollzug Brandenburg. Nach der Rückkehr bricht es aus ihr heraus: „Vati, in diesem Land kann und will ich nicht mehr leben." Ich spüre, dass meine Worte: „Es ist doch wichtig in der DDR zu bleiben. Wir werden hier gebraucht", ihr Herz überhaupt nicht mehr erreichen. Ihre Entscheidung ist längst gefallen. Im Sommer 1981 trampt Susanne nach Ungarn. Von dort aus will sie nach Jugoslawien weiter in die „Freiheit". An der Grenze wird sie verhaftet. Per Flugzeug geht es zurück nach Berlin. Von dort aus nach Karl-Marx-Stadt (heute Chemnitz) in die Untersuchungshaft. Die Benachrichtigung trifft uns hart. Ihre Habseligkeiten, ein Buch, ein zusammenfaltbarer Koffer, eine Landkarte und ein kleines Tagebuch bekommen wir übermittelt. Auf einem Zettel lesen wir: „Ich spüre ein fast schmerzhaftes Fernweh.". Wieder wird im „Namen des Volkes" das Urteil gesprochen: ein Jahr und drei Monate Strafvollzug wegen versuchter Republikflucht. „Ich will doch nur nach Italien fahren und wieder zurückkommen.", sagte sie bei ihrer Verhaftung. Ein Jahr muss sie im berüchtigten Frauenzuchthaus in Hoheneck verleben, bis sie im Rahmen des üblichen Menschenhandels in die BRD verkauft wird. Über ihr Leben in Hoheneck habe ich berichtet. Wochen nach ihrer Abschiebung in den Westen, trampt Susanne nach Italien. Auf der kleinen Insel Vulcano, nördlich Siziliens, baut sie ihr Zelt in einer Felsgrotte mit dem Blick aufs Meer auf. Endlich Freiheit! Für das Notwendige verdient sie sich etwas Geld mit selbst gefertigten Muschelketten. Später erfolgt ein Billigflug nach Kanada, von da aus nach Jamaika, schließlich endet die Reise in Guatemala, im Land der Mayas. Im Hochland am Atitlansee findet sie Dörfer, die fast

Susanne (l.) unter Mayas – Aktion „Puravida"

nur von Mayas bewohnt sind. In San Marco Findet sie Unterkunft, eine Hütte und ein Stück Garten. In Susanne reift
ein großes Projekt. Sie leidet darunter, dass durch die Errungenschaften der Zivilisation (Plastikflaschen und Plasti-
kabfälle) die traumhafte Landschaft im Müll untergeht. Es
gibt kein Recycling-System, so dass nach der intensiven Re-
genzeit viele tausend Cola-Flaschen auf dem See schwimmen. Ihre göttliche Idee wird zur Tat. Die Aktion „PURA
VIDA" startet. In allen Dörfern sammeln nun Mayakinder
leere Plastikflaschen und füllen sie mit Plastikabfällen voll.
Auf großen Festen werden diese Flaschen von den Kindern abgegeben, wofür sie kleine Preise erhalten. Nun
entstehen die niedrigen „Häuser der besonderen Art".
Auf betonierten Grundmauern erhebt sich ähnlich wie bei
Fachwerkhäusern ein Holzgerüst. Dazwischen werden die
gefüllten Flaschen zu Mauern gestapelt, mit Maschendraht
umspannt und mit Lehm verputzt. Fertig ist das Haus, außerordentlich billig, bestens isoliert, und in jeder Hinsicht
umweltfreundlich. Hunderttausende Flaschen wurden so
schon sinnvoll entsorgt. Nun breitet sich die Idee schon bis

Südamerika aus. Wer sich noch besser informieren will, kann das tun unter www.puravidaatitlan.org.

In sehr großen Abständen besucht uns Susanne. Sie bekommt dann aber immer neben dem Klimaschock einen Kulturschock. Wenn sie durch die Kaufhäuser geht, davor die Masse an geparkten Autos sieht und die Menschen klagen hört, wie furchtbar schlecht es ihnen hier geht, dann wird sie seelisch krank und fährt zurück in eines der ärmsten Länder der Welt, um zu helfen. Susannes liebstes Bibelwort steht in der Bergpredigt:

„Jesus sagt: Sorget euch nicht. Seht die Vögel unter dem Himmel an. Sie säen nicht. Sie ernten nicht. Sie sammeln nicht in den Scheunen. Und unser himmlischer Vater ernährt sie doch. Seid ihr denn nicht viel mehr als sie?"

Susanne mitten unter ihren Mayas. Ein Leben mit Höhen und Tiefen. Eines Tages wird sie ihre Ruhe finden in der steinigen Erde am Atitlansee. Im Himmel sind wir dann wieder vereint. Alles wird neu. „Susanne, ich freue mich darauf!"

Judith

Unser drittes Kind wurde 1965 in Sangerhausen geboren. Schulbesuch in Artern und dann in Marienberg. Die Schule ist ihr nicht leicht gefallen. Immer wieder hat Evilis mit ihr gelernt, geübt und gebetet. Die Zeugnisse wurden nicht besser. Ich sehe sie noch in Artern auf dem Schulhof mit erhobener Hand und vier nach oben gestreckten Fingern stehen. Wieder eine Vier! Gebrochen und gedemütigt von den Lehrern und der Klasse kommt sie dann in unsere Wohnung. Wir haben nicht geschimpft und ihr heimlich ein Stück Schokolade zugeschoben. Mitunter war der Schokoladenverbrauch sehr hoch. Mühsam quält sie sich durch die 9. und 10. Klasse und beginnt dann ihre Lehre in einer Textilfabrik in Potsdam.

Großer Jubel als sie mir eines Tages verrät: „Vati, ich habe mich verliebt! Er heißt Michael." Eine Zeit später ist dann die große Hochzeit in unserer St. Marienkirche. Tobias wird geboren, später Rebecca und Sebastian. Ein schönes Haus, ein herrlicher Garten und drei gesunde Kinder. Aber über den blauen, sonnigen Himmel schieben sich bald die ersten dunklen Wolken. Es kommt zu Konflikten, Streitgesprächen und harten Auseinandersetzungen. Gespräche bringen keine Änderung. Natürlich ist immer der andere der Schuldige. Aus Liebe wird Hass. Beides macht blind. Wir wissen was eine Ehescheidung für die Kinder bedeutet, wie sie darunter leiden. Die Wolken werden immer dunkler. Auch unsere Gebete bringen keine Änderung. Die Ehe bricht auseinander. Wir können nur mit großer Sorge zusehen. Auch die Kinder werden auseinander gerissen. Muss das sein? Judith verlässt mit Sebastian das schöne Haus und zieht nach Zschopau in eine Plattenbausiedlung. Und sie beginnt die Ausbildung als Altenpflegerin. Tobias und Rebekka bleiben beim Vater in Lengefeld.

Eines Tages bei einem Spaziergang an der Zschopau kommt es zur Begegnung zwischen Judith und Kai. Er sitzt am Wasser und angelt ganz allein. Über einen Eisvogel der dort in der Nähe sein Nest hat, kommen sie ins Gespräch und verlieben sich. Kai ist Kranführer, sein einziges großes Hobby ist Angeln. Sein einziges Urlaubsland ist die norwegische Küste. Judith und Kai, beide haben keine Arbeit. Das ist schlimm. So führt sie ihr Weg in den äußersten Süden der BRD nach Rheinfelden bei Basel. Beide finden eine gute Arbeitsstelle in der Schweiz. Sebastian die Möglichkeit für eine Lehre in einem Metallbetrieb. Alle drei bewohnen eine schöne gemeinsame Wohnung. Die Telefongespräche mit Judith sind meistens sehr lang und ausführlich. Natürlich interessiert es uns von ihrem Umgang mit den Alten im Seniorenheim zu hören. Tief bewegt unter Tränen gibt sie Bericht von einem Bewohner, der in der letzten Nacht in ihrer Anwesenheit gestorben ist. Wir spüren, dass ihr Beruf nicht nur ein Job ist, nur um Geld zu verdienen. In einem der letzten Gespräche erinnert mich Judith an eine Begebenheit, die ich schon längst vergessen hatte: „Weißt du, Vati, als ich damals aus der Schule kam, war ich ganz traurig weil die Zeugnisse wieder einmal so schlecht waren. Da hast du mich auf den Schoß genommen und mir gesagt: Judith, auch aus Dir wird mal Großes und Bedeutendes! Das habe ich nicht vergessen." Am Telefon antworte ich ihr: „Und jetzt bist du es geworden. Jesus sagt: Wer groß unter euch sein will, der sei wie ein Diener. Das bist du jetzt für deine 25 Alten auf Station. Du dienst ihnen, fütterst sie, wäschst sie, hörst dir immer wieder dieselben Geschichten von ihnen an und begleitest sie ins Sterben." Es ist auf einmal ganz ruhig am Telefon. Und dann höre ich ihre Stimme: „Vati, so habe ich das noch gar nicht gesehen." – „Ja, aber so ist es", sage ich zu ihr. „Judith, Gott segne dich in deinem Leben und Dienst."

Tobias ist mit Silvaine verheiratet, sie leben in Dörnthal im Erzgebirge und schenken uns unsere ersten Urenkel Celina und Simeon. Rebekka arbeitet in Regensburg als Krankenschwester.

Tabea

In der Apostelgeschichte wird sie als wohltätige Frau beschrieben. Und so ist auch unsere Tabea. Schon in ihrer Kindheit gab es keinerlei Probleme. Das ist bis heute so geblieben. Ihre schulischen Leistungen in Marienberg waren hervorragend. Aber bei solchen Eltern und mangelnder gesellschaftlicher Überzeugung verbaute sich der Weg zum Abitur. Nichts Neues in der Familie. Mit 16 Jahren beendet sie die 10. Klasse und möchte eine Lehre beginnen. Tabea liest sehr viel. So ist es naheliegend, dass sie

Buchhändlerin werden will. Siegessicher werden die Bewerbungsunterlagen nach Karl-Marx-Stadt eingereicht. Es kommt zum Vorstellungsgespräch, auch andere haben sich beworben. Durch eine schlecht geschlossene Tür hört sie aus dem Nebenzimmer die Bewerbungskommission: „Ach ja, jetzt kommt ja auch noch die Christin aus Marienberg." Tabea wird für die Lehre abgelehnt. Andere mit wesentlich schlechteren Zeugnissen dürfen die Lehre beginnen.

Gott zeigt neue Wege. Und sie bekommt die Möglichkeit, im benachbarten Pobershau im Pferdestall zu arbeiten. Nebenbei liest sie weiter, das ist bis heute ihr Hobby. Ihr Weg sollte dann aber in eine ganz andere Richtung gehen. Eines Tages steht sie als Bewerberin vor der Tür einer kirchlichen Ausbildungsstätte, der Bibelschule „Malche" bei Freienwalde. Gefragt nach den Abiturzeugnissen und dem Facharbeiterbrief, kann sie lediglich ein Zertifikat zur befähigten Reitlehrerin auf den Tisch legen. Offensichtlich war das für die Bibelschule ausreichend. So begann sie ihre dreijährige Ausbildung und endet mit dem Abschluss der Religionspädagogin. In Oschatz (Sachsen) wird Tabea danach als Gemeindehelferin ihren Dienst mit dem Schwerpunkt in der Kinder- und Jugendarbeit beginnen. Voller Begeisterung und mit sprühenden Ideen zeigt Tabea jungen Leuten den Weg zu Jesus. Eine blühende Arbeit entsteht. Nach jahrelangem erfolgreichem Dienst kommt dann der Ruf ins Erzgebirge. Im Kirchenbezirk Aue wird ein Bezirks-Jugendwart gesucht. Tabea findet ein „Ja" zu diesem Dienst. Nun ist sie jeden Abend mit ihrem verwegen buntbemalten Trabant unterwegs. Bei Sturm und Regen, Schneeglätte und Verwehungen werden die Jungen Gemeinden in den verstreuten Erzgebirgsdörfern von ihr besucht. Mitarbeiter brauchen Qualifizierung und große Kinder- und Jugendtreffen müssen vorbereitet und durchgeführt werden. Im gesamten Sommer aber ist Tabea unterwegs mit jungen Menschen zu Bibelrüstzeiten. Zur Seite steht ihr ein großer Kreis von ehrenamtlichen Mitarbeitern. Einer davon wird ihr Mann. Thomas König aus Lauter, eine Perle der besonderen Art. Im Schloss zu Schlettau findet die königliche Hochzeit statt. Bis heute leitet auch Thomas, der Orthopädieschuhmachermeister, in großer Treue Jugendabende und Rüstzeiten. Zu einer richtigen Familie gehören Kinder. Aber die stellten sich nicht ein. Obwohl das Nest, eine schöne Wohnung in Grünstädtel fix und fertig ist, bleibt es doch halb leer. Der Kinderwunsch bleibt unerfüllt. Gebete scheinen unerhört zu bleiben.

Dann aber geschieht das Wunder. Ein Kind meldet sich an und wird geboren. Seit dem 18. Dezember wird es erwartet. Endlich am 24. Dezember „Heilig Abend", ein Anruf von Stephan: „Eben kam durch den Mitteldeutschen Rundfunk die Nachricht: In Erlabrunn ist ein neuer König geboren. Das kann nur der Sohn von Tabea und Thomas sein." Da kam uns eine geniale Idee. Wie die drei Weisen Jesus, dem König der Juden, ihre Gaben brachten, so müsste auch dem neuen König gehuldigt werden. Drei Weise, Namens „Heiße" müssen die Gaben bringen, und zwar Stephan, Bruder Dietmar und ich. Gekleidet mit den Mettengewändern des Crottendorfer Krippenspiels erschienen wir auf der Erlabrunner Entbindungsstation um den neuen König zu begrüßen. Thomas musste die Ärzte und Schwestern beruhigen: „Wir sind die Drei Weisen, die dem kleinen König ihre Gaben bringen." Es ist der kleine Ruben, der kurz danach noch eine Schwester Namens Ronja bekommt.

Tabea mit Ronja

Dienstlich hat sich bei Tabea seit einigen Jahren etwas verändert. Den Dienst als Bezirksjugendwartin hat sie aufgegeben und dafür eine Tätigkeit als Lehrerin in einer Jenaplan-Schule und als Gemeindehelferin begonnen. Täglich steht sie nun vor Schulklassen und vermittelt den Kindern nicht nur so manches Wissen, sondern auch die Werte der Bibel, damit sie in ihrem Leben gut zurechtkommen. „Tabea, Gott hat dein Leben reich gesegnet!"

Esther

Nach dem vierten Kind dachten wir schon, „das war's". Obwohl Evilis ursprünglich mal zehn Kinder haben wollte. Eines Tages, wie aus heiterem Himmel, meldet sich  überraschend noch ein Kind an. Die Freude ist groß. Aber nicht überall. Da gibt es verschiedene Leute, bis in die Verwandtschaft hinein, die mahnend ihren Zeigefinger heben: „Frau Heiße, sie sind doch auch nicht mehr die Jüngste. Fünf Kinder, das ist doch fast asozial. Lassen sie sich doch das Kind nehmen." Für uns ein undenkbarer Gedanke. Wir freuen uns auf die Geburt. Und wieder schenkt Gott uns ein gesundes Kind. Esther, der „Stern" wäre ein Verlust für die Menschheit, wenn wir sie hätten töten lassen. Fröhlich wächst sie im Kreis ihrer Geschwister heran und atmet von Anfang an die zuerst miserable und dann immer besser werdende Erzgebirgsluft ein. Mit 11 Jahren erlebt sie in Annaberg die friedliche Revolution. Stolz trägt sie bei einer Demonstration ihr selbst entworfenes und gestaltetes Plakat mit der Losung: FRÖSI RAUS! MICKIMAUS REIN! „Frösi", das war die sozialistische Kinderzeitung. So hatte Esther ihren ersten starken Einsatz für Presse- und Meinungsfreiheit.
Mit der Wende wird nun vieles anders. Es gibt an den Schulen keinen Politunterricht mehr, keine vormilitärische Ausbildung und keine Benachteiligung der Schüler wegen ihrer religiösen Einstellung. Im Blick auf Esthers Zeugnisse

gibt es jetzt keine Schwelle mehr zum Abitur und zum Studium. Und so wie Tabea, äußert nun auch Esther ihren Wunsch, nach einem entsprechenden Studium, in den Dienst der Kirche einzutreten. Ich bin verwundert und zugleich auch erfreut. Ihren Studienplatz will sie sich aussuchen und anschauen. So zieht Esther eines Tages mit festen Wanderschuhen und einem kleinen Zelt im Rucksack los. Sie durchwandert ganz Deutschland. Immer noch unfassbar, dass junge Leute jetzt auch im Westen Deutschlands an Universitäten studieren können. Zehn Monate wandert sie kreuz und quer durch die Lande und steht dann überraschend mit tief gebräuntem Gesicht und völlig abgelatschten Wanderschuhen vor der Tür unserer Wohnung. Ihre letzte Wanderstrecke ging von Berlin nach Annaberg. Was hat sie nicht alles in den letzten Monaten erlebt. Immer wieder fand sie Menschen, die ihr halfen, die sie aufgenommen haben.

Über allem stand die schützende Hand Gottes. Viele Studienmöglichkeiten konnte sie kennenlernen. Entschieden hat sie sich für die Fachhochschule für Religionspädagogik und Gemeindediakonie am Ev.-Luth. Diakonenhaus Moritzburg e. V. bei Dresden. Sie bewirbt sich und beginnt bald ihr Studium. Es ist spürbar, dass sie ihr Wanderjahr stark geprägt hat.

Zu unserer Überraschung nutzt sie dann einen Feriensommer, um die letzte Wegstrecke des „Jakobusweg" (Pilgerweg von 350 km) durch Nordspanien bis ans Ziel Santiago de Compostela zu wandern. Pilgern, das ist mehr als Wandern. Ihre beglückenden Erfahrungen darf sie nicht für sich behalten. Andere sollen diese auch erleben. So reift die Idee für ein großes Projekt in ihrem Herzen. Während es in den alten Bundesländern schon ein Netz wieder gefundener Pilgerwege gibt, findet man in den neuen Ländern viele Wanderwege, aber keine Jakobswege. Das muss sich ändern, denn nachweisbar strömten auch im Mittelalter aus Galizien und Polen Hunderttausende Pilger nach Santiago de Compostela. In einem Jahr soll die Vision Wirklichkeit

werden: Auffindung des Weges durch Suchen nach Jako-
buskirchen, Jakobusquellen und Spuren der Via Regia, die
einst von Pilgern genutzt wurde. Markierung des Weges
mit der berühmten Jakobusmuschel, Anfertigen eines
Wanderführers, Erstellung von Übernachtungsmöglich-
keiten in Abständen von jeweils einer Tageswanderung.
Das Ganze soll auf der Strecke von Görlitz bis Vacha im
Thüringer Wald geschehen. Trotz aller Risikofreudigkeit
die ich besitze, rate ich Esther von diesem Vorhaben dringend ab. Das ist nie in einem Jahr zu schaffen. Doch Esther
schuftete bis in die Nächte hinein. Sie schaffte es mit Ein-
bindung ihrer Geschwister und vieler Freunde. Termin-
gerecht wird der Jakobusweg „Ökumenischer Pilgerweg"
seiner Bestimmung übergeben. Von Jahr zu Jahr werden es
mehr Jakobuspilger, die über diesen Weg ziehen. Sie finden Freude an der Natur, begegnen Menschen, finden sich
selbst und finden Gott.
Auf einer Wegstrecke findet Esther sogar ihren Mann. Er
heißt Alexander und ist Konzertmeister. Im Augustiner-
kloster Erfurt findet die rauschende Hochzeit statt.
Einige Jahre arbeitet Esther als Jugendwartin im Bezirk
Riesa – Großenhain. Zwei Jungen erblicken das Licht der
Welt, der schöne Raphael in Großenhain und später der
herrliche Kyrill in Kitzingen/Iphofen.
Alexander ist ein prächtiger Ehemann und Vater. Ich bin
stolz auf ihn. Es ist schwer für ihn eine Anstellung zu finden.
Konzertmeisterstellen sind dünn gesät. Am Main–Franken-
theater in Würzburg tun sich dann doch die Türen auf.
Nun wohnt die Familie in einem wunderschönen Fach-
werkhaus im mittelalterlichen Iphofen, umgeben von
Weinbergen. Geborgen und sicher, auch offen für Neues.
„Esther, du Stern, leuchte weiter für Andere und zeige ihnen den Weg zu Gott."

„O Happy Day" am Grab

Vieles im Leben ist ungewiss. Eines steht fest: Wir müssen sterben. Wir wissen nicht wann, wo und wie. Sterben ist schwer, auch für Christen. Da werde ich noch einmal wie ein glimmender Docht sein. Ich wünsche mir, dass bei meiner Beerdigung keine traurigen Lieder gesungen werden, weil es unpassend ist. Die Band „signpost" hat mir zugesichert den Gospel-Song „O Happy Day" am Grab zu singen und zu musizieren. Vielleicht gibt es nach entsprechendem Applaus dafür auch noch eine Zugabe. O Glücklicher Tag! Der Weg durch das rote Meer und die Wüsten ist vorbei. Vor mir liegt das Gelobte Land. Da gibt es keine Ungerechtigkeit, keine Kriege und kein Leid. Gott wird abwischen alle Tränen. Seit ich Christ geworden bin, freue ich mich auf das Neue. Es ist so groß und wunderbar, dass ich es mit

„Auferstehung"
Holzschnitt von
Herbert Seidel

meinem Verstand nicht fassen kann. Manche Bibelrüstzeiten, die ich leiten konnte, waren so himmlisch schön, dass wir beim Abschied nicht auseinander wollten und es flossen dann auch Tränen. Es wird dann einmal keinen Abschied mehr geben. Nur Freude und Jubel, ohne Ende, ewig.

Wie groß ist mein Gott
kein andrer wie ER.
Kein Name so hoch.
nur ER ist der HERR.

ER teilte die Fluten
am Roten Meer
hat auch heute noch
dieselbe Kraft.
Nichts ist IHM zu
schwer.

Auszug aus einem Lied der „Junge Gemeinde"
in der DDR-Zeit.

Bestellvorlage einfach kopieren, ausfüllen und einsenden!

(Der Abonnent bekommt
kostenlos das Buch von
Eberhard Heiße.)

**An die
idea-Geschäftsstelle Ost
Thomas Schneider
Alter Schulweg 3
08359 Breitenbrunn**

☐ Ja, ich bestelle das Wochenmagazin **ideaSpektrum** im Abo
zum Preis von **monatlich** (für 4 Ausgaben)

A ☐ 8,50 € für Organisationen
B ☐ 6,40 € für Privatpersonen
C ☐ 4,48 € für Schüler, Studenten, Azubis, Wehr- und Zivildienstleistende,
Arbeitslose, Diakonissen und Sozialempfänger

jeweils monatlich zzgl. Porto 1,90 € (in Deutschland)
Das Abonnement verlängert sich um ein halbes Jahr, wenn es nicht mit vierwöchiger Frist zum
Bezugshalbjahresende gekündigt wird. Es besteht kein gesetzliches Widerrufsrecht.

Vorname	Name		

Vollständige Anschrift (Straße, PLZ, Ort)

Telefon	Geb.-Datum	Datum	Unterschrift

☐ Ich möchte ideaSpektrum für 1 Jahr verschenken an (Rechnung an obige Adresse):

Vorname	Name	

Vollständige Anschrift (Straße, PLZ, Ort)